M. Mandelbrojt-Sweeney

# Limba engleză pentru medici şi asistente

**Mireille Mandelbrojt-Sweeney** a urmat cursuri medicale în Franţa. În prezent profesează în Irlanda, ca medic generalist.

**www.polirom.ro**

M. Mandelbrojt-Sweeney, *Anglais médical*, 3e édition



Editura POLIROM
Iaşi, B-dul Carol I nr. 4, P.O. BOX 266, 700506
Bucureşti, B-dul I.C. Brătianu nr. 6, et. 7, ap. 33, O.P. 37; P.O. BOX 1-728, 030174

**Descrierea CIP a Bibliotecii Naţionale a României:**

**MANDELBROJT-SWEENEY, M.**

**Limba engleză pentru medici şi asistente** / M. Mandelbrojt-Sweeney. – Iaşi: Polirom, 2006

ISBN (10) 973-46-0400-7 ; ISBN (13) 978-973-46-0400-5

I. Stoleriu, Simona (trad.)

811.111:61

Printed in ROMANIA

**M. Mandelbrojt-Sweeney**

# Limba engleză
## *pentru medici și asistente*

Traducere de Simona Stoleriu

POLIROM
2006

Antoaneta Ruse

17.08.2007

# Contents / Cuprins


**Medical interview / Interogatoriul bolnavului** .......... 13

Miscellaneous – Generalități .......... 13

General health questions – Întrebări legate de starea generală .......... 13

Past medical history – Antecedente personale .......... 14

Family history – Antecedente familiale .......... 15

Habits – Factori de risc .......... 15

Drug history – Istoricul medicamentos .......... 16

Immunizations – Imunizări/Vaccinări .......... 17

Gastrointestinal tract – Aparatul digestiv .......... 17

*Diet – Obiceiuri alimentare* .......... 17

*Appetite – Apetitul* .......... 18

*Weight – Greutatea* .......... 18

*Taste – Gustul* .......... 18

*Swallowing – Deglutiția* .......... 18

*Regurgitations – Regurgitațiile* .......... 19

*Nausea – Senzația de greață* .......... 19

*Vomiting – Vărsăturile* .......... 19

*Haematemesis – Hematemeza* .......... 20

*Indigestion – Indigestia* .......... 20

*Abdominal pain – Durerile abdominale* .......... 20

*Abdominal distension – Distensia abdominală/Balonările* .......... 23

*Bowel habit – Tranzitul intestinal* .......... 23

*Colour of the skin – Culoarea pielii* .......... 24

*"Crise de foie" – „Crise de foie"* .......... 24

Respiratory system – Sistemul respirator .......... 24

*Cough – Tusea* .......... 24

*Sputum – Sputa* .......... 25

*Haemoptysis – Hemoptizia* .......... 25

*Dyspnoea – Dispneea* .......... 26

*Wheezing – Wheezing* .......... 26

*Pain in the chest – Durerile toracice* .......... 27

Cardiovascular system – Sistemul cardiovascular .......... 30

***Cardiac symptoms – Simptome cardiace*** .......... 30

*Palpitations – Palpitațiile* .......... 30

*Chest pain – Durerile toracice* .......... 31

*Pain in the liver – Durerile hepatice* .......... 34

*Dyspnoea – Dispneea* .......... 34

*Haemoptysis - Hemoptizia* .......... 34
*Ankle swelling - Inflamaţia articulaţiilor* .......... 35
*Oliguria - Oliguria* .......... 35
*Syncope - Sincopa* .......... 35
*Visual disturbance - Tulburările vizuale* .......... 37
*Tinnitus - Acufenele* .......... 37
*Headaches - Durerile de cap* .......... 37
***Peripheral vascular symptoms - Simptome vasculare periferice*** .......... 39
*Intermittent claudication - Claudicaţia intermitentă* .......... 39
*Pain at rest - Durerea de decubit* .......... 40
*Temperature and colour of hands and feet - Temperatura şi culoarea mâinilor şi picioarelor* .......... 41
*Paraesthesiae - Parestezia* .......... 41
Urinary system - Aparatul urinar .......... 41
*Pain - Durerea* .......... 41
*Oedema - Edemele* .......... 44
*Thirst - Setea* .......... 44
*Problems with micturition - Probleme la micţiune* .......... 44
Genital tract - Aparatul genital .......... 46
***The female genitalia - Aparatul genital feminin*** .......... 46
*Menstruation - Menstruaţia* .......... 46
*Vaginal discharge - Scurgerile vaginale* .......... 47
*Vaginal pruritus - Pruritul vaginal* .......... 47
*Dyspareunia - Dispareunia* .......... 47
*Breast symptoms - Simptome la nivelul sânilor* .......... 48
*Pregnancy - Sarcina* .......... 48
*Birth control - Contracepţia* .......... 49
***The male genitalia - Aparatul genital masculin*** .......... 49
Nervous system - Sistemul nervos .......... 49
***Motor disturbances - Tulburări motorii*** .......... 49
*Paralysis - Paralizia* .......... 49
*Loss of consciousness - Pierderea cunoştinţei* .......... 50
***Sensory disturbances - Tulburări senzitive*** .......... 51
*Pain - Durerea* .......... 51
***Disturbances of the senses - Tulburări senzoriale*** .......... 54
***Balance disturbance - Tulburări de echilibru*** .......... 55
Psychiatry - Psihiatrie .......... 55
***Mood disturbance - Tulburări umorale*** .......... 55
*Anxiety - Anxietatea* .......... 55
*Depression - Depresia* .......... 56
*Suicidal risk - Tendinţa de suicid* .......... 56
***Thought content - Conţinutul gândurilor*** .......... 56

*Preoccupations - Idei fixe* ........ 56
*Abnormal beliefs - Idei anormale* ........ 57
*Disorder of perception - Tulburări de percepţie* ........ 57
***Intellectual functions - Funcţiile intelectuale*** ........ 57
*Orientation - Orientarea temporo-spaţială* ........ 57
*Short-term memory - Memoria de scurtă durată* ........ 58
*Longer term memory - Memoria de lungă durată* ........ 58
*Remote memory - Memoria îndepărtată* ........ 58
*Alcohol problems - Dependenţa de alcool* ........ 58
Musculoskeletal system - Aparatul locomotor ........ 58
*Pain in a bone - Dureri osoase* ........ 59
*Pain in a joint - Dureri articulare* ........ 59
*Traumatology - Traumatologie* ........ 59
Endocrinology/Metabolism - Endocrinologie/Metabolism ........ 60
***Thyroid gland - Glanda tiroidă*** ........ 60
*Palpitations - Palpitaţii* ........ 61
***Diabetes mellitus - Diabetul zaharat*** ........ 62
Paediatrics - Pediatrie ........ 63
*Pregnancy history - Istoricul sarcinii* ........ 63
*Neonatal period - Perioada neonatală* ........ 63
*Feeding history - Modul de hrănire* ........ 64
*Immunizations - Vaccinările* ........ 64
*Developmental milestones - Dezvoltarea psiho-motorie* ........ 64
*Social history - Mediul social* ........ 65
*Childhood diseases - Bolile copilăriei* ........ 65
Skin diseases - Boli de piele ........ 66
Haematology - Hematologie ........ 66

**Examination of the patient / Examinarea bolnavului** ........ 67

Presentation - Prezentarea ........ 67
Examination of the abdomen - Examinarea aparatului digestiv ........ 67
Examination of the lungs - Examinarea pulmonară ........ 68
Examination of the heart - Examinarea inimii ........ 68
Gynaecological examination - Examinarea ginecologică ........ 68
Neurological examination - Examinarea neurologică ........ 68
Useful sentences for the examination - Expresii utile pentru examinare ........ 69

**Clinical examination / Examenul clinic** ........ 71

General examination - Examenul general ........ 71
The abdomen - Abdomenul ........ 71

*Inspection - Inspecţia* ........ 71
*Palpation - Palparea* ........ 72
*Percussion - Percuţia* ........ 73
*Auscultation - Auscultaţia* ........ 73
*Rectal examination (PR) - Tuşeul rectal* ........ 73
Lungs - Plămânii ........ 73
*Inspection - Inspecţia* ........ 73
*Palpation - Palparea* ........ 74
*Percussion - Percuţia* ........ 75
*Auscultation - Auscultaţia* ........ 75
Cardiovascular system - Sistemul cardiovascular ........ 76
***Vascular examination - Examenul vascular*** ........ 76
*Arterial pulse - Pulsul arterial* ........ 76
*Blood pressure - Tensiunea arterială* ........ 77
*Jugular venous pressure - Refluxul hepatojugular* ........ 77
***Examination of the heart - Examenul cardiac*** ........ 77
*Inspection - Inspecţia* ........ 77
*Palpation - Palparea* ........ 77
*Percussion - Percuţia* ........ 77
*Auscultation (Lub-Dub) - Auscultaţia (Tic-Tac)* ........ 78
*Common form of valvular disease - Patologii vasculare frecvente* ........ 78
Genitalia - Aparatul genital ........ 79
***The female genitalia - Aparatul genital feminin*** ........ 79
*Inspection - Inspecţia* ........ 79
*Palpation - Palparea* ........ 79
*Speculum examination - Examinarea cu speculum* ........ 79
***The male genitalia - Aparatul genital masculin*** ........ 80
*Inspection - Inspecţia* ........ 80
*Palpation - Palparea* ........ 80
*Rectal examination - Tuşeul rectal* ........ 80
Nervous system - Sistemul nervos ........ 80
*Mental state - Statusul mental* ........ 80
*Cranial nerves - Nervii cranieni* ........ 81
*Motor nerve function - Motricitatea* ........ 81
*Tone of muscles - Tonusul muscular* ........ 82
*Reflexes - Reflexele* ........ 82
*Coordination of movement - Coordonarea* ........ 82
*Sensation - Sensibilitatea* ........ 82
*Neck stiffness - Redoarea cefei* ........ 82
*Straight leg raising - Semnul Lasèque* ........ 82
**Complementary examination / Examene paraclinice** ........ 83
Gastrointestinal tract investigations - Explorări ale aparatului digestiv ........ 83

***Alimentary tract - Tubul digestiv*** ........ 83
*Examination of the faeces - Examenul materiilor fecale* ........ 83
*Radiology - Examenul radiologic* ........ 83
*Endoscopic examination - Examenul endoscopic* ........ 83
*Biopsy - Biopsia* ........ 83
***Liver - Ficat*** ........ 84
*Liver function tests - Explorări funcţionale hepatice* ........ 84
*Others - Altele* ........ 84
***Gall bladder and bile conducts - Vezica şi căile biliare*** ........ 84
*Radiological examination - Examenul radiologic* ........ 84
***Pancreas - Pancreas*** ........ 84
*Biology - Examene biologice* ........ 84
*Others - Altele* ........ 85
Respiratory system investigations - Explorări ale aparatului respirator ........ 85
*Examination of the sputum - Examenul sputei* ........ 85
*Blood tests - Teste sangvine* ........ 85
*Examination of the pleura - Examenul pleural* ........ 85
*Intradermal tests - Teste intradermice* ........ 85
*Lung function tests - Explorări funcţionale pulmonare* ........ 85
*Radiology - Examenul radiologic* ........ 86
*Radionucleide lung scanning - Scintigrafia pulmonară* ........ 86
*Others - Altele* ........ 86
Cardiovascular system investigations - Explorări ale sistemului cardiovascular .. 86
*Electrocardiogram (ECG) - Electrocardiograma (ECG)* ........ 86
*Cardiac enzymes - Enzimele cardiace* ........ 86
*Others - Altele* ........ 87
Urinary system investigations - Explorări ale aparatului urinar ........ 87
*Urine test - Examenul urinei* ........ 87
*Blood test - Examenul sângelui* ........ 87
*Others - Altele* ........ 87
Gynaecological investigations - Explorări ale aparatului genital ........ 88
Neurological investigations - Explorări ale sistemului nervos ........ 88
*Fundi - Fundul de ochi* ........ 88
*Lumbar puncture - Puncţia lombară* ........ 88
*Neuroradiology - Neuroradiologie* ........ 88
*Others - Altele* ........ 88
Locomotor system investigations - Explorări ale aparatului locomotor ........ 89
*Examination of the blood - Examene sangvine* ........ 89
*Radiological examination - Examenul radiologic* ........ 89
*Others - Altele* ........ 89
Endocrine investigations - Explorări endocrine ........ 89
*Plasma levels - Dozaje plasmatice* ........ 89

Haematological investigations - Explorări hematologice ........ 90
*Full blood count (FBC) - Formula sangvină* ........ 90
*Others - Altele* ........ 90

**Clinical chart - Foaia de observaţie** ........ 91

Administrative records - Fişa administrativă ........ 91
Medical records - Observaţii medicale ........ 91

**Symptoms, syndromes and diseases - Simptome, sindroame şi boli** ........ 93

English-Romanian Vocabulary - Vocabular englez-român ........ 93
Romanian-English Vocabulary - Vocabular român-englez ........ 97

**Abbreviations / Abrevieri** ........ 101

Anatomy - Anatomie ........ 117
Anaesthesia and intensive care - Anestezie şi terapie intensivă ........ 118
Cardiology - Cardiologie ........ 118
Medical record - Fişa medicală ........ 120
Endocrinology - Endocrinologie ........ 124
Investigations - Explorări ........ 125
Gastroenterology - Gastroenterologie ........ 129
Gynaecology and obstetrics - Obstetrică şi ginecologie ........ 130
Haematology - Hematologie ........ 132
Infectious diseases - Boli infecţioase ........ 134
Neurology - Neurologie ........ 135
Ophthalmology - Oftalmologie ........ 136
ENT - ORL ........ 137
Paediatrics - Pediatrie ........ 137
Pharmacology - Farmacologie ........ 138
Respiratory diseases - Pneumologie ........ 139
Psychiatry - Psihiatrie ........ 140
Public health - Sănătate publică ........ 140
Renal diseases - Urologie şi nefrologie ........ 141
Rheumatic diseases - Reumatologie ........ 142

**Health care providers and health services / Personalul medical şi instituţiile de sănătate** ........ 143

Health care providers - Personalul medical şi paramedical ........ 143
***Hospital staff - Personalul spitalicesc*** ........ 143
*Health care staff - Personalul medical* ........ 143

*Administration staff - Personalul administrativ* .................... 143
***Specialists (Consultant) - Medici specialişti*** .................... 143
*Alternative therapists - Specialişti în medicina alternativă* .................... 144
*Counsellors - Specialişti în terapii nemedicamentoase* .................... 145
***Nursing, paramedical and welfare staff - Personalul infirmier, paramedical şi social*** .................... 145
*Nursing staff - Personalul infirmier* .................... 145
*Paramedical staff - Personalul paramedical* .................... 145
*Welfare staff - Personalul social* .................... 145
Health care facilities - Facilităţi în serviciile de sănătate .................... 146
***In general practice - În practica curentă*** .................... 146
*At the surgery, at health centre - În cabinetul medical* .................... 146
*At the chemist/pharmacy - La farmacie* .................... 146
*At the community health services centre - La dispensar* .................... 147
***At the hospital - La spital*** .................... 147
*Facilities - Sedii* .................... 147
*Hospital wards - Servicii spitaliceşti* .................... 147

**Medical training in Great Britain and The Republic of Ireland / Formarea medicilor în Marea Britanie şi Republica Irlanda** .................... 149

The GP training - Formarea medicilor generalişti .................... 149
The specialists training - Formarea medicilor specialişti .................... 149
Address book - Adrese .................... 150
***Medical Council - Medical Council*** .................... 150
*In England - În Anglia* .................... 150
*In Ireland - În Irlanda* .................... 150
***Colleges - Colegii*** .................... 150
***Medical Defense Organisations - Organizaţii de asigurare a responsabilităţii medicale*** .................... 151
***Recruitment and locums services - Agenţii de recrutare a medicilor suplinitori*** .................... 151
***Publications - Publicaţii*** .................... 152
*Medical journals - Jurnale medicale* .................... 152
*Others - Altele* .................... 152
Curriculum vitae - Curriculum vitae .................... 152

**Pharmaceuticals / Preparate farmaceutice** .................... 155

*Index de termeni medicali* .................... 161
*Index of medical terms* .................... 167
***Bibliography / Bibliografie*** .................... 175

# Medical interview / Interogatoriul bolnavului

| *Miscellaneous* | *Generalităţi* |
|---|---|
| Hello, what is your name? | Bună ziua, cum vă numiţi? |
| Surname | Numele |
| Christian name | Prenumele |
| How old are you? | Ce vârstă aveţi? |
| Where do you feel the pain? (show me with your hand) | Unde vă doare? (arătaţi-mi cu mâna) |
| Point out in the table of contents the chapter related to your complaint. | Indicaţi în tabla de materii capitolul referitor la problema dumneavoastră. |

| *General health questions* | *Întrebări legate de starea generală* |
|---|---|
| How much do you weigh? | Ce greutate aveţi? |
| Has your weight increased? | Aţi luat în greutate? |
| Has your weight decreased? | Aţi slăbit? |
| • How many pounds (lbs)? (1 lb = 0,45 kg) | • Câte livre? (1 livră = 1,45 kg) |
| • In how much time? | • În cât timp? |
| Is your weight stationary? | Greutatea dumneavoastră este stabilă? |
| Do you feel a lack of energy? | Vă simţiţi lipsit de energie? |
| Do you have any fever? | Aveţi temperatură? |
| • How much? | • Ce temperatură aveţi? |
| • Since when? | • De când? |
| • Temperature in Fahrenheit | • Temperatura în grade Celsius |
| Y °F = (X °C × 9/5) + 32 | Y °C = (X °F – 32) 5/9 |
| 95° | 35° |
| 95°9 | 35°5 |
| 96°8 | 36° |
| 97°7 | 36°5 |
| 98°6 | 37° |
| 99°5 | 37°5 |
| 100°4 | 38° |

| | |
|---|---|
| 101°3 | 38°5 |
| 102°2 | 39° |
| 103°1 | 39°5 |
| 104° | 40° |
| 104°9 | 40°5 |
| 105°8 | 41° |
| 107°6 | 42° |

| | |
|---|---|
| Do you sweat? | Transpiraţi? |
| Do you have rigors? | Aveţi frisoane? |
| For how long have you been fasting? | De cât timp nu mâncaţi? |

| *Past medical history* | *Antecedente personale* |
|---|---|
| Have you had all the childhood diseases? | Aţi avut toate bolile copilăriei? |
| Have you had any surgery? | Aţi suferit vreo intervenţie chirurgicală? |
| • When? (write down the date) | • Când? (scrieţi data) |
| • Which? | • Pentru ce aţi suferit intervenţia? |
| – appendix | – apendice |
| – tonsils | – amigdale |
| – hernia | – hernie |
| – tumour | – tumoră |
| – other (show me your scar) | – altele (arătaţi-mi cicatricea) |
| Did you ever/Do you complain of | Aţi suferit/Suferiţi de |
| • diabetes mellitus? | • diabet zaharat? |
| • high blood pressure? | • hipertensiune arterială? |
| • rheumatic fever? | • reumatism articular acut? |
| • gout? | • gută? |
| • asthma? | • astm? |
| • sexually transmitted diseases? | • boli cu transmitere sexuală? |
| – syphilis | – sifilis |
| • TB: tuberculosis? | • tuberculoză? |
| Have you been travelling abroad? | Aţi călătorit în străinătate? |
| • When? | • Când? |
| • Where? | • Unde? |
| Do you suffer from tropical diseases? | Suferiţi de boli tropicale? |
| • malaria | • malarie |
| Do you have any bleeding tendencies? | Sângeraţi uşor? |
| What is your blood group? | Ce grupă sangvină aveţi? |
| • A | • A |
| • B | • B |
| • 0 | • 0 |
| • AB | • AB |
| • $Rh^+$ | • $Rh^+$ |

- $Rh^-$

Have you ever been hospitalized?
- Where? (address)
- When? (date)

- $Rh^-$

Aţi stat vreodată internat?
- Unde? (adresa)
- Când? (data)

## *Family history*

Are your parents alive?
If not, at what age did they die?
What was the cause of their death?
- accident
- heart problems
- cancer
- infectious diseases
- hereditary diseases: which?
- others

Have you any children?
- How many?
- Age?

Are your children healthy?
Do you have any brothers and sisters?
Are they healthy?
Are they alive?
If not, at what age did they die?
What was the cause of their death?
- accident
- heart problems
- cancer
- infectious diseases
- hereditary diseases: which?
- others

## *Antecedente familiale*

Părinţii dumneavoastră trăiesc?
Dacă nu, la ce vârstă au decedat?
Din ce cauză au decedat?
- accident
- probleme cardiace
- cancer
- boli infecţioase
- boli ereditare: care anume?
- altele

Aveţi copii?
- Câţi?
- Ce vârstă au?

Copiii dumneavoastră sunt sănătoşi?
Aveţi fraţi şi surori?
Sunt sănătoşi?
Trăiesc?
Dacă nu, la ce vârstă au decedat?
Din ce cauză au decedat?
- accident
- probleme cardiace
- cancer
- boli infecţioase
- boli ereditare: care anume?
- altele

## *Habits*

Do you smoke? If so,
- how many cigarettes a day?
- how many cigars?
- how many pipes? (write down the number)

Do you drink alcohol?
How many glasses a day of
- wine?

## *Factori de risc*

Fumaţi? Dacă da,
- câte ţigări pe zi?
- câte trabucuri?
- câte pipe? (scrieţi numărul)

Consumaţi băuturi alcoolice?
Câte pahare pe zi de
- vin?

- beer?
- whiskey or spirits? (write down the number)

Since when?
If you don't drink now, have you ever drunk? (date of start and end of the habit)
How many glasses of

- wine per day?
- beer?
- whiskey or spirits? (write down the number)

Are you a

- drug addict?
- heroin addict?

Since when? (number of years)
If you are not a drug addict now, were you ever one?

## *Drug history*

Are you on any treatment?

- tablets
- injections

Show me the medicine containers.

- antibiotics
- insulin
- oral antidiabetic drugs
- antihypertensive drugs
- diuretics
- steroids
- anticoagulants
- contraceptive pills
- others

For which part of your body do you take it? (show me with your hand, please)
Have you been under medication in the past? (date)

- tablets
- injections

Show me the medicine containers.

- antibiotics
- insulin
- oral antidiabetic drugs

- bere?
- whisky sau băuturi alcoolice tari? (scrieţi numărul)

De când?
Dacă nu beţi acum, aţi băut vreodată? (data când aţi început şi când aţi încetat)
Câte pahare de

- vin pe zi?
- bere?
- whisky sau băuturi alcoolice tari? (scrieţi numărul)

Sunteţi

- dependent de droguri uşoare?
- dependent de heroină?

De când? (număr de ani)
Dacă acum nu sunteţi dependent de nici un drog, aţi fost vreodată?

## *Istoricul medicamentos*

Urmaţi vreun tratament?

- tablete
- injecţii

Arătaţi-mi cutiile de medicamente.

- antibiotice
- insulină
- antidiabetice orale
- antihipertensive
- diuretice
- steroizi
- anticoagulante
- pilule contraceptive
- altele

Pentru ce parte a corpului luaţi medicamentele? (arătaţi-mi cu mâna, vă rog)
Aţi luat medicamente în trecut? (data)

- tablete
- injecţii

Arătaţi-mi cutiile de medicamente.

- antibiotice
- insulină
- antidiabetice orale

- antihypertensive drugs
- diuretics
- steroids
- anticoagulants
- contraceptive pills
- others

For which part of your body did you take it? (show me with your hand, please)
Are you allergic to any drugs?
- aspirin
- penicillin
- other antibiotics
- other medicine (write the name down)

- antihipertensive
- diuretice
- steroizi
- anticoagulante
- pilule contraceptive
- altele

Pentru ce parte a corpului aţi luat medicamentele? (arătaţi-mi cu mâna, vă rog)
Sunteţi alergic la vreun medicament?
- aspirină
- penicilină
- alte antibiotice
- alte medicamente (scrieţi numele)

## *Immunizations*

Are you up to date in the immunizations against
- diphteria?
- tetanus?
- whooping cough?
- poliomyelitis?
- typhoid?
- smallpox?
- tuberculosis (BCG)?
- hepatitis?

## *Imunizări/Vaccinări*

Sunteţi la zi cu vaccinarea contra
- difteriei?
- tetanosului?
- tusei convulsive?
- poliomielitei?
- febrei tifoide?
- variolei?
- tuberculozei (BCG)?
- hepatitei?

## *Gastrointestinal tract*

### *Diet*

What type of food do you eat?
- meat
- fish
- dairy products
- vegetables
- cereals
- sweets
- everything

Are your teeth good?
Do you have dentures? (false teeth)
Can you chew your food?

## *Aparatul digestiv*

### *Obiceiuri alimentare*

Ce fel de alimente consumaţi?
- carne
- peşte
- produse lactate
- legume
- cereale
- dulciuri
- de toate

Aveţi o dantură bună?
Purtaţi proteze?
Puteţi să mestecaţi mâncarea?

*Appetite*

Have you a good appetite?
Has your appetite increased?
Has your appetite decreased?
Has it remained unchanged?
If your appetite has decreased, is this due

- to a lack of desire to eat?
- to apprehension because eating causes pain?
- to any special food dislikes?

*Apetitul*

Aveţi poftă de mâncare?
V-a crescut pofta de mâncare?
V-a scăzut pofta de mâncare?
Pofta de mâncare v-a rămas neschimbată?
Dacă v-a scăzut pofta de mâncare, aceasta se datorează

- pierderii dorinţei de a mânca?
- fricii de a mânca pentru că apar dureri în timpul alimentaţiei?
- dezgustului faţă de anumite alimente?

*Weight*

How much do you weigh? (pound, lb)
(1 lb = 0,45 kg, 1 stone = 14 lbs)
Has your weight remained constant?
Have you lost weight? (Do your clothes feel looser?)
Have you gained weight? (Do your clothes feel tighter?)
Are you on a slimming diet?

*Greutatea*

Ce greutate aveţi? (livre)
(1 livră = 0,45 kg, 1 *stone* = 14 livre)
Greutatea dumneavoastră a rămas constantă?
Aţi scăzut în greutate? (Hainele v-au rămas largi?)
Aţi luat în greutate? (Hainele v-au rămas strâmte?)
Urmaţi un regim de slăbire?

*Taste*

Do you get odd tastes and sensations in the mouth?
Do you get acid brash? (sudden filling of the mouth with acid-tasting fluid)

*Gustul*

Aveţi gusturi sau senzaţii ciudate în gură?
Aveţi regurgitaţii acide? (umplerea instantanee a gurii cu lichid acru)

*Swallowing*

Do you have any difficulty in swallowing?
What type of food causes difficulty:

- solids?
- liquids?

At which level does the food stick? (show me with your hand)
For how long have you been complaining of this?

- years
- months
- days

*Deglutiţia*

Întâmpinaţi greutăţi la înghiţire?
Ce tip de alimente vă creează dificultăţi:

- alimentele solide?
- lichidele?

La ce nivel se opresc alimentele? (arătaţi-mi cu mâna)
De cât timp vă plângeţi de aceasta?

- ani
- luni
- zile

- hours

Is it getting any worse?
Is swallowing painful?

- ore

S-a agravat?
Aveţi dureri când înghiţiţi?

## *Regurgitations*

Do you regurgitate?
- Is it acid?
- Does it come up?

Does anything, such as stooping, precipitate it?
Do you suffer from heartburn?
Do you belch frequently?

## *Regurgitaţiile*

Aveţi regurgitaţii?
- Sunt acide?
- Sunt cu reflux?

Se agravează dacă vă aplecaţi în faţă?

Aveţi regurgitaţii acide?
Eructaţi des?

## *Nausea*

Do you have nausea?
Do you feel sick?

## *Senzaţia de greaţă*

Aveţi senzaţia de greaţă?
Vă simţiţi rău?

## *Vomiting*

Do you vomit?
Do you often vomit?
How many times
- per hour?
- per day?
- per month?

What is the nature of the vomiting:
- recognizable food?
- digested food?
- bile stained fluid?
- clear acidic fluid?

Do you vomit large quantities?
Is the vomiting preceded by another symptom such as:
- nausea?
- pain? (does it relieve pain?)
- headache?
- giddiness or dizziness?

Do you vomit after eating?

## *Vărsăturile*

Vomaţi?
Vomaţi des?
De câte ori
- pe oră?
- pe zi?
- pe lună?

Care este natura vomismentelor:
- alimente identificabile?
- alimente digerate?
- lichid biliar?
- lichid acru, limpede?

Vomaţi cantităţi mari?
Voma este precedată de simptome ca:
- senzaţia de greaţă?
- durere? (voma face durerea să dispară?)
- dureri de cap? (cefalee)
- senzaţia de ameţeală, vertij?

Vomaţi după ce mâncaţi?

### *Haematemesis*

Do you ever vomit blood?
- red blood
- coffee grounds

### *Hematemeza*

Se întâmplă să vomaţi sânge?
- sânge roşu-aprins
- sânge maroniu

### *Indigestion*

Do you feel uncomfortable after eating?

### *Indigestia*

Vă simţiţi rău după masă?

### *Abdominal pain*

Do you suffer from any abdominal pain? (pain in the stomach)

### *Durerile abdominale*

Aveţi dureri abdominale? (dureri de stomac)

#### Site

Where does it hurt? (show me with your hand)

#### Localizarea

Unde vă doare? (arătaţi-mi cu mâna)

#### Time and mode of onset

When did the pain start?
- At what time?
- At what date? (write it down in numbers)

Did the pain begin
- little by little?
- suddenly?

Is the interval between meal and pain allways the same? If so is the pain
- straight after the meal?
- an hour after?
- more than two hours after?

#### Momentul şi modul de debut

Când au început durerile?
- La ce oră?
- Pe ce dată? (scrieţi în cifre)

Durerea a început
- progresiv?
- brusc?

Intervalul dintre consumul alimentelor şi apariţia durerii este întotdeauna acelaşi? Dacă da, durerea survine
- imediat după masă?
- după o oră?
- după mai mult de două ore?

#### Severity

Does the pain prevent you from carrying out your activities?
Does it force you to go to bed?
Did you have to call your doctor because of that pain?
Did you have to take pain killers?
Does the pain wake you up at night?
Does it prevent you from sleeping?

#### Intensitatea

Durerea vă împiedică să vă desfăşuraţi activităţile obişnuite?
Vă forţează să vă aşezaţi în pat?
A fost nevoie să chemaţi medicul din cauza durerii?
A fost nevoie să luaţi calmante?
Durerea vă trezeşte noaptea din somn?
Vă împiedică să dormiţi?

Does it force you to lie still?
Does it force you to roll around seeking a comfortable position?

## Nature

Is it just a mild discomfort?
Is it a nagging pain?
Do you feel a burning sensation?
Is it a stabbing pain (a sharp pain, "like a knife")?
Is it throbbing?
Is it constricting? (like a tightness)

Do you have
- a bursting feeling?
- a distension?

Is it a colic? (a pain that comes and goes and migrates)
Do you feel a gripping sensation?
If you feel "just a pain" and can't describe it with those adjectives, it doesn't matter.

## Progression of the pain

Does the pain begin at its maximum intensity and remain at this level untill it disappears?

Does it increase steadily?
If it began at its peak, does it decline slowly?

Does it fluctuate? (it comes and goes and starts again)

## The end of the pain

Did the pain end spontaneously?
Or as a result of some action
- by yourself?
- by a doctor?

Did the pain cease
- suddenly?
- gradually?

Vă obligă să staţi întins, nemişcat?
Vă obligă să vă mişcaţi până găsiţi o poziţie comodă?

## Tipul

Este doar un disconfort moderat?
Este o durere continuă?
Aveţi senzaţia de arsură?
Este o durere puternică (o durere ascuţită, „ca o lovitură de cuţit")?
Este pulsatilă?
Este constrictivă? (ca şi cum v-ar strânge ceva)

Aveţi
- senzaţia că explodaţi?
- distensie?

Este o colică? (o durere care apare şi dispare şi care migrează)
Aveţi crampe?
Dacă simţiţi „doar o durere" şi nu o puteţi descrie cu aceşti termeni, nu este nici o problemă.

## Evoluţia durerii

Durerea debutează la intensitatea maximă şi rămâne la această intensitate până când dispare?
Creşte progresiv în intensitate?
Dacă debutează la intensitatea maximă, scade apoi teptat în intensitate?

Este fluctuantă? (apare, dispare şi apoi reapare)

## Remiterea durerii

Durerea a încetat de la sine?
Sau ca rezultat al unor acţiuni
- ale dumneavoastră?
- ale unui medic?

Durerea a încetat
- brusc?
- treptat?

## Duration

How long have you had this pain?
How long does the pain last when you get it?

- minutes
- hours
- days
- months

## Durata

De cât timp aveţi această durere?
Cât timp durează durerea atunci când apare?

- minute
- ore
- zile
- luni

## Relieving factors

Does anything ease the pain?

- position
  - lying still
  - fetal position, crouched
- rolling around
- medicine
  - pain killers (aspirin)
  - antiacids
- food (milk)
- defecation (bowel movements)

## Factori calmanţi

Există ceva care calmează durerea?

- poziţia
  - dacă staţi întins, liniştit
  - poziţia fetală, ghemuită
- mişcarea
- medicamentele
  - antialgice (aspirină)
  - antiacide
- alimentele (laptele)
- defecaţia (mişcările intestinale)

## Exacerbating factors

What brings it on? What makes it worse?

- spicy food
- coffee, tea
- stress

## Factori agravanţi

Ce anume o declanşează? Ce o agravează?

- alimentele condimentate
- cafeaua, ceaiul
- stresul

## Radiation

Does the pain spread?

- to the back
- to the shoulder
- to the jaws
- to the arms
- upwards
- lower down (genitalia)

## Iradierea

Durerea iradiază?

- spre spate
- spre umăr
- spre maxilare
- spre braţe
- în sus
- în jos (spre zona genitală)

## Cause

What, in your opinion, causes the pain?

- an ulcer
- gallstone
- appendicitis
- other

## Cauza

După părerea dumneavoastră, ce anume provoacă durerea?

- ulcer
- calculi biliari
- apendicită
- altele

*Abdominal distension*

Do you notice any abdominal distension?
Since when?
- years
- months
- days
- hours

Is it painful?
Does it affect respiration?
Is it relieved by
- belching?
- vomiting?
- defecation?

*Distensia abdominală/Balonările*

Aţi observat o balonare?
De cât timp?
- ani
- luni
- zile
- ore

Este dureroasă?
Vă împiedică să respiraţi?
Este calmată de
- eructaţii?
- vomă?
- defecaţie?

*Bowel habit*

Have you diarrhoea?
Are you constipated?
How often do your bowels move
- per week?
- per day?

When did you have your last bowel movements? (how many days ago?)
What do the stools look like?
- colour:
  - brown
  - black
  - pale
  - white
  - silver
- smell:
  - offensive
- consistence:
  - hard
  - soft
  - watery
  - frothy
- size:
  - bulky
  - moderate

Did you ever pass any blood in your stools?
Was the blood
- mixed with the faeces?

*Tranzitul intestinal*

Aveţi diaree?
Sunteţi constipat?
De câte ori aveţi scaun
- pe săptămână?
- pe zi?

Când aţi avut ultimul scaun? (acum câte zile?)
Ce aspect are scaunul?
- culoare:
  - maro
  - negru
  - decolorat
  - albicios
  - argintiu
- miros:
  - dezagreabil
- consistenţă:
  - dur
  - moale
  - apos
  - spumos
- mărime:
  - voluminos
  - moderat

Aţi observat sânge în scaun?
Sângele era
- amestecat cu fecalele?

- on the surface?
- apparent after passing the stools?

Did you ever pass mucus or pus?

Is defecation painful?
Does the pain start
- before defecation?
- during defecation?
- after defecation?
- at times unrelated to defecation?

- la suprafaţă?
- după trecerea fecalelor?

Aţi sesizat prezenţa mucusului sau puroiului în fecale?

Defecaţia este dureroasă?
Durerea apare
- înainte de defecaţie?
- în timpul defecaţiei?
- după defecaţie?
- fără legătură cu defecaţia?

### *Colour of the skin*

Did you ever turn yellow? (jaundiced)
- When?
- How long did it last?

Did you have loss of appetite?
Did your skin itch?

### *Culoarea pielii*

S-a întâmplat vreodată să deveniţi galben la faţă? (icteric)
- Când?
- Cât timp a durat?

V-aţi pierdut apetitul?
V-a mâncat pielea?

### *"Crise de foie"*

(a typical French disease corresponding either to the "stomach upset" or to a migraine)
Do you have an upset stomach?

### *„Crise de foie"*

(boală tipică franceză corespunzătoare „stomacului deranjat" sau migrenei)
Aveţi stomacul deranjat?

## *Respiratory system*

## *Sistemul respirator*

### *Cough*

Do you cough?
Since when?
- How many years?
- How many months?
- How many days?
- How many hours?

Is it
- a dry cough?
- a wet cough?

Does the coughing come in bouts?
When do you cough?
- during the night
- during the day

### *Tusea*

Tuşiţi?
De cât timp?
- De câţi ani?
- De câte luni?
- De câte zile?
- De câte ore?

Este
- o tuse uscată?
- o tuse productivă?

Aveţi accese de tuse?
Când tuşiţi?
- în timpul nopţii
- în timpul zilei

- in the morning / – dimineaţa
- in the afternoon / – după-amiaza

Does anything relieve the coughing? / Există ceva care vă calmează tusea?
- cough mixture / siropurile antitusive

Is it painful? / Este dureroasă?

## *Sputum* / *Sputa*

Do you bring up any sputum? / Expectoraţi?
What is the quantity per day? / Care este cantitatea zilnică?
- minimal / foarte mică
- moderate / moderată
- large / mare

What colour is the sputum? / Ce culoare are sputa?
- white / albă
- yellow purulent / galben-purulentă
- green / verzuie
- dirty / cenuşie

Is the smell of the sputum offensive? / Sputa miroase urât?
When do you spit? / Când expectoraţi?
- during the night / în timpul nopţii
- during the day / în timpul zilei
  - in the morning / dimineaţa
  - in the afternoon / după-amiaza
- only in particular position: / numai în anumite poziţii:
  - lying flat / când staţi culcat
  - sitting / când staţi aşezat
- anytime / tot timpul

How long have you been spitting? / De câtă vreme expectoraţi?
- years / ani
- months / luni
- days / zile
- hours / ore

Show me your sputum cup. / Arătaţi-mi vasul în care aţi expectorat.

## *Haemoptysis* / *Hemoptizia*

Have you ever coughed up blood? / Aţi expectorat vreodată sânge?
What quantity was produced? / Ce cantitate?
- minimal / foarte mică
- moderate / moderată
- large / mare

What colour was it?
- pink and frothy
- red streaks in the mucus
- clots of red blood
- clots of black blood

Since when have you been spitting blood?
- years
- months
- days
- hours

How often
- a year?
- a month?
- a day?
- an hour?

Ce aspect avea?
- rozie şi spumoasă
- striuri roşii în mucus
- cheaguri roşii
- cheaguri negre

De cât timp expectoraţi sânge?
- ani
- luni
- zile
- ore

Cât de des
- într-un an?
- într-o lună?
- într-o zi?
- într-o oră?

## *Dyspnoea*

Do you get breathless?
- Does it occur after exertion?
- Does it occur when you walk?
  - How far can you walk on a level surface without getting short of breath? (in metres)
- Does it occur when you climb upstairs?
  - How many stairs can you climb without getting breathless? (write the number please)

Do you feel short of breath when you are
- sitting?
- lying-down flat?

Can you sleep flat?
How many pillows do you need to prevent getting short of breath?
Do you wake up at night short of breath?

## *Dispneea*

Rămâneţi fără suflu?
- Aceasta se întâmplă după efort?
- Aceasta se întâmplă când mergeţi?
  - Ce distanţă puteţi parcurge pe o suprafaţă dreaptă fără să vă pierdeţi suflul? (în metri)
- Aceasta se întâmplă când urcaţi scările?
  - Câte scări puteţi urca fără să vă pierdeţi suflul? (scrieţi numărul, vă rog)

Rămâneţi fără suflu când
- sunteţi aşezat?
- staţi culcat?

Puteţi dormi pe o suprafaţă plană?
De câte perne aveţi nevoie ca să nu vă pierdeţi suflul?
Vă treziţi noaptea pentru că nu puteţi respira?

## *Wheezing*

Do you ever get a wheeze?
Does it occur
- during inspiration?
- during expiration only?
- during both phases of respiration?

## *Wheezing*

Aţi avut vreodată şuierături în piept?
Ele apar
- când inspiraţi?
- numai când expiraţi?
- în timpul ambelor faze ale respiraţiei?

Is it continuous?
Is it intermittent?
Does anything provoke it, such as
- pollen?
- dust?
- animals?
- certain medicines?
  - aspirin
  - antibiotics
  - others (which?)
- some stressful situation?
- infections?

Does wheezing occur
- at night time?
- at day time?
- permanently?
- during spring?
- during summer?
- during autumn?
- during winter?

Is it eased by some medicines? (Ventolin sprays...)

Sunt continue?
Sunt intermitente?
Există ceva care le provoacă, de exemplu
- polenul?
- praful?
- animalele?
- anumite medicamente?
  - aspirina
  - antibioticele
  - altele (care?)
- situaţiile stresante?
- infecţiile?

Şuierăturile apar
- în timpul nopţii?
- în timpul zilei?
- permanent?
- primăvara?
- vara?
- toamna?
- iarna?

Sunt calmate de anumite medicamente? (spray Ventolin etc.)

## *Pain in the chest*

Do you suffer from a chest pain?

### Site

Where does it hurt? (show me with your hand)

### Time and mode of onset

When did the pain start?
- At what time?
- At what date? (write it down in numbers)

Did the pain begin
- little by little?
- suddenly?

### Severity

Does the pain prevent you from carrying out your activities?

## *Durerile toracice*

Aveţi dureri în piept?

### Localizarea

Unde vă doare? (arătaţi-mi cu mâna)

### Momentul şi modul de debut

Când a început durerea?
- La ce oră?
- La ce dată? (scrieţi în cifre)

Durerea a început
- progresiv?
- brusc?

### Intensitatea

Durerea vă împiedică să vă desfăşuraţi activităţile obişnuite?

| | |
|---|---|
| Does it force you to go to bed? | Vă obligă să vă aşezaţi în pat? |
| Did you have to call a doctor because of the pain? | A fost nevoie să chemaţi medicul din cauza durerii? |
| Did you have to take pain killers? | A fost nevoie să luaţi calmante? |
| Does the pain wake you up at night? | Durerea vă trezeşte noaptea din somn? |
| Does it prevent you from sleeping? | Vă împiedică să dormiţi? |
| Does it force you to lie still? | Vă obligă să staţi întins, nemişcat? |

## Nature / Tipul

| | |
|---|---|
| Is it just a mild discomfort? | Este doar un disconfort moderat? |
| Is it a nagging pain? | Este o durere continuă? |
| Is it a stitch? | Este ca un junghi? |
| Is it a stabbing pain (a sharp pain, "like a knife")? | Este o durere puternică (o durere ascuţită, „ca o lovitură de cuţit")? |
| Is it throbbing? | Este pulsatilă? |
| Is it constricting? (like a tightness) | Este constrictivă? (ca şi cum v-ar strânge ceva) |
| Is it a pain that comes and goes and migrates? | Este o durere care apare şi dispare şi care migrează? |
| If you feel "just a pain" and can't describe it with those adjectives, it doesn't matter. | Dacă este „doar o durere" pe care nu o puteţi descrie cu aceşti termeni, nu este nici o problemă. |

## Progression of the pain / Evoluţia durerii

| | |
|---|---|
| Does the pain begin at its maximum intensity and remain at this level until it disappears? | Durerea începe la intensitatea maximă şi rămâne la această intensitate până când dispare? |
| Does it increase steadily? | Se agravează progresiv? |
| If it began at its peak, does it decline slowly? | Dacă debutează la intensitatea maximă, scade apoi treptat în intensitate? |
| Does it fluctuate? (it comes and goes and starts again) | Este fluctuantă? (apare, dispare, apoi reapare) |

## The end of the pain / Remiterea durerii

| | |
|---|---|
| Did the pain end spontaneously? | Durerea a încetat de la sine? |
| Or as a result of some action<br>• by yourself?<br>• by a doctor? | Sau ca rezultat al unor intervenţii<br>• ale dumneavoastră?<br>• ale unui medic? |
| Did the pain cease<br>• suddenly?<br>• gradually? | Durerea a încetat<br>• brusc?<br>• treptat? |

## Duration

How long have you had this pain?
How long does the pain last when you get it?

- seconds
- minutes
- hours
- days
- months

## Relieving factors

Does anything ease the pain?

- position:
  - sitting
  - staying still
- medicine:
  - pain killers (aspirin)

## Exacerbating factors

What brings it on? What makes it worse?

- deep inspiration
- coughing

## Radiation

Does the pain spread?

- to the back
- to the shoulder
- to the jaws
- to the arms
- upwards

## Associated factors

Cough
Sputum
Dyspnoea
Temperature

## Cause

What, in your opinion, causes the pain?

- traumatism
- pneumonia
- pneumothorax
- others

## Durata

De cât timp aveţi această durere?
Cât timp durează durerea atunci când apare?

- secunde
- minute
- ore
- zile
- luni

## Factori calmanţi

Există ceva care calmează durerea?

- poziţia:
  - dacă staţi aşezat
  - dacă nu vă mişcaţi
- medicamente:
  - antialgice (aspirină)

## Factori agravanţi

Ce o declanşează? Ce o agravează?

- inspiraţia profundă
- tusea

## Iradierea

Durerea iradiază?

- spre spate
- spre umăr
- spre maxilare
- spre braţe
- în sus

## Factori asociaţi

Tuse
Expectoraţie
Dispnee
Temperatură

## Cauza

În opinia dumneavoastră, ce anume provoacă durerea?

- traumatism
- pneumonie
- pneumotorax
- altele

## *Cardiovascular system*

### CARDIAC SYMPTOMS

#### *Palpitations*

Did you ever feel palpitations? (Did you feel your heart beat fast and strong?)
Does the heart give an occasional thump now and then?

#### Mode of onset

Is the onset of the palpitations
- sudden?
- gradual?

What brings on the palpitations usually?
- emotions
- exercise
- an excess amount of coffee or tea
- an excess amount of smoking

#### The end of the palpitations

Is the end of the attack
- sudden?
- gradual?

Is the tachycardia
- regular?
- irregular?

Does the attack decrease if you rest?
Do you pass a lot of water after the end of the palpitations?
Did you ever feel your own pulse during an attack?
Is it around
- 100-130 per minute?
- 150?
- 180?
- impossible to count?

#### Duration

How long does the attack of palpitations last?
- days

## *Sistemul cardiovascular*

### SIMPTOME CARDIACE

#### *Palpitaţiile*

Aţi avut vreodată palpitaţii? (Aţi simţit că inima vă bate repede şi cu putere?)
Simţiţi că inima vă dă şocuri violente câteodată?

#### Modul de debut

Debutul palpitaţiilor are loc
- brusc?
- treptat?

Ce anume declanşează palpitaţiile în mod obişnuit?
- emoţiile
- efortul
- consumul excesiv de cafea sau ceai
- abuzul de ţigări

#### Încetarea palpitaţiilor

Criza se termină
- brusc?
- treptat?

Tahicardia este
- regulată?
- neregulată?

Criza se diminuează dacă vă odihniţi?
Urinaţi mult după ce încetează palpitaţiile?
V-aţi luat vreodată pulsul în timpul unei astfel de crize?
Este în jur de
- 100-130 pe minut?
- 150?
- 180?
- imposibil de numărat?

#### Durata

Cât timp durează episoadele de palpitaţii?
- zile

| | |
|---|---|
| • hours | • ore |
| • minutes | • minute |
| • seconds | • secunde |
| How long have you been complaining of palpitations? | De cât timp vă plângeţi de palpitaţii? |
| • years | • ani |
| • months | • luni |
| • days | • zile |
| • hours | • ore |
| How often do you get them? | Cât de des le aveţi? |
| • How many times | • De câte ori |
| – a year? | – pe an? |
| – a month? | – pe lună? |
| – a day? | – pe zi? |
| – an hour? | – pe oră? |

| | |
|---|---|
| ## *Chest pain* | ## *Durerile toracice* |
| Have you ever had | Aţi avut vreodată |
| • angina? | • angină pectorală? |
| • a heart attack? | • o criză cardiacă? |
| Do you complain of a pain in the chest? | Vă plângeţi de dureri în piept? |
| **Site** | **Localizarea** |
| Is the pain band-like between the breasts? | Durerea este în bară, între sâni? |
| Is the pain localised under the left breast? | Durerea este localizată sub sânul stâng? |
| Can you situate it | Puteţi să o localizaţi |
| • with all your hand? | • cu toată mâna? |
| • just with one finger? | • doar cu un deget? |
| **Time and mode of onset** | **Momentul şi modul de debut** |
| When did the pain start? | Când a început durerea? |
| • At what time? | • La ce oră? |
| • At what date? (write it down in numbers) | • La ce dată? (scrieţi în cifre) |
| Did the pain begin | Durerea a început |
| • little by little? | • progresiv? |
| • suddenly? | • brusc? |
| **Severity** | **Intensitatea** |
| Does the pain prevent you from carrying out your activities? | Durerea vă împiedică să vă desfăşuraţi activităţile obişnuite? |
| Does it force you to go to bed? | Vă obligă să vă întindeţi în pat? |

| | |
|---|---|
| Did you have to call your doctor because of that pain? | A fost nevoie să chemaţi medicul din cauza durerii? |
| Did you have to take pain killers? | A fost nevoie să luaţi calmante? |
| Does the pain wake you up at night? | Durerea vă trezeşte noaptea din somn? |
| Does it prevent you from sleeping? | Vă împiedică să dormiţi? |
| Does it force you to lie still? | Vă obligă să staţi întins, nemişcat? |
| **Nature** | **Tipul** |
| Is it just a mild discomfort? | Este doar un disconfort moderat? |
| Is it a nagging pain? | Este o durere continuă? |
| Do you feel a burning sensation? | Aveţi senzaţia de arsură? |
| Is it a stabbing pain (a sharp pain, "like a knife")? | Este o durere puternică (o durere ascuţită, „ca o lovitură de cuţit")? |
| Is it a throbbing pain? | Este o durere pulsatilă? |
| Is the pain squeezing, constricting, band-like? (like a tightness) | Este o durere constrictivă, în bară? (ca şi cum v-ar strânge ceva) |
| Is it a stinging pain? | Este ca o descărcare electrică? |
| Is it a pain that comes and goes and migrates? | Este o durere care apare şi dispare şi care migrează? |
| Is it a gripping pain? | Este o durere ca o crampă? |
| If you feel "just a pain" and can't describe it with those adjectives, it doesn't matter. | Dacă este „doar o durere" pe care nu o puteţi descrie cu aceşti termeni, nu este nici o problemă. |
| **Progression of the pain** | **Evoluţia durerii** |
| Does the pain begin at its maximum intensity and remain at this level until it disappears? | Durerea începe la intensitatea maximă şi rămâne la această intensitate până când dispare? |
| Does it increase steadily? | Creşte progresiv în intensitate? |
| If it began at its peak, does it decline slowly? | Dacă debutează la intensitatea maximă, scade treptat în intensitate? |
| Does it fluctuate? (it comes and goes and starts again) | Este fluctuantă? (apare, dispare şi apoi reapare) |
| **The end of the pain** | **Remiterea durerii** |
| Did the pain end spontaneously? | Durerea a încetat de la sine? |
| Or as a result of some action | Sau ca rezultat al unor intervenţii |
| • by yourself? | • ale dumneavoastră? |
| • by a doctor? | • ale unui medic? |
| Did the pain cease | Durerea a încetat |
| • suddenly? | • brusc? |
| • gradually? | • treptat? |

| | |
|---|---|
| **Duration** | **Durata** |
| How long have you had this pain? | De cât timp aveţi această durere? |
| • days | • zile |
| • months | • luni |
| • years | • ani |
| How long does the pain last when you get it? | Cât timp durează durerea atunci când apare? |
| • minutes | • minute |
| • hours | • ore |
| • days | • zile |
| **Relieving factors** | **Factori calmanţi** |
| Does anything ease the pain? | Există ceva care calmează durerea? |
| • rest | • repausul |
| • position: | • poziţia: |
| – sitting | – aşezat |
| – bending forward | – aplecat în faţă |
| • medicine: | • medicamentele: |
| – glyceryl trinitrate tablets | – tabletele de trinitrat de glicerină |
| How long does it take until the pain is relieved from above? | Cât timp trece până când durerea este calmată de aceşti factori? |
| • less than 5 minutes | • mai puţin de 5 minute |
| • longer | • mai mult |
| **Exacerbating factors** | **Factori agravanţi** |
| What makes it worse? | Ce o agravează? |
| • exercise | • efortul |
| – walking | – mersul |
| – sexual intercourse | – actul sexual |
| • stress | • stresul |
| • cold weather | • vremea rece |
| • wind | • vântul |
| • digestion | • digestia |
| • movements: change in posture, inspiration | • mişcările: schimbarea posturii, inspiraţia |
| • pressure of the costal cartilage | • presiunea pe cartilajele costale |
| **Radiation** | **Iradierea** |
| Does the pain spread? | Durerea iradiază? |
| • to the back | • spre spate |
| • to the shoulder | • spre umăr |
| • to the jaws | • spre maxilare |
| • to the arms | • spre braţe |
| • upwards | • în sus |

Associated factors

Do you feel that you are going to die when you get this pain?
When you have that pain
- do you get sick? (nausea)
- do you vomit?
- do you sweat?
- do you get a fainting sensation? (a feeling that you are going to pass out)
- do you have a temperature?
- do you spit bloody sputum?
- are you short of breath?

Factori asociaţi

Aveţi senzaţia că veţi muri atunci când aveţi această durere?
Când aveţi dureri
- vi se face greaţă?
- vomaţi?
- transpiraţi?
- aveţi senzaţia de slăbiciune? (senzaţia că veţi leşina)
- aveţi febră?
- expectoraţi spută sangvinolentă?
- vi se taie respiraţia?

## *Pain in the liver*

Do you get a pain in the liver when you are exercising?

## *Durerile hepatice*

Simţiţi dureri la nivelul ficatului când faceţi efort?

## *Dyspnoea*

Do you get short of breath?
Do you get breathless after exertion?
- walking
  - How far can you walk on a level surface without getting short of breath? (in metres)
- climbing upstairs
  - How many stairs can you climb without getting breathless? (write the number)

Do you feel short of breath at rest?
Is it present when you are
- sitting?
- lying down flat?

Can you sleep flat?
How many pillows do you need to prevent getting short of breath?
Do you wake up at night short of breath?

## *Dispneea*

Rămâneţi fără suflu?
Rămâneţi fără suflu după un efort?
- la mers
  - Ce distanţă puteţi parcurge pe o suprafaţă dreaptă fără să vă pierdeţi suflul? (în metri)
- la urcatul scărilor
  - Câte scări puteţi urca fără să vă pierdeţi suflul? (scrieţi numărul)

Rămâneţi fără suflu în repaus?
Rămâneţi fără suflu atunci când
- staţi aşezat?
- staţi întins la orizontală?

Puteţi dormi întins pe o suprafaţă plană?
De câte perne aveţi nevoie pentru a nu rămâne fără suflu?
Vă treziţi noaptea pentru că nu puteţi respira?

## *Haemoptysis*

Have you ever coughed up blood?
What quantity was (is) produced?

## *Hemoptizia*

Aţi expectorat vreodată sânge?
Ce cantitate?

- minimal
- moderate
- large

What colour was (is) it?
- frothy and pink
- red streaks in the mucus
- red clots of blood
- black clots of blood

For how long have you been coughing up blood?
- years
- months
- days
- hours

How many times
- a year?
- a month?
- a day?
- an hour?

- foarte mică
- moderată
- mare

Ce aspect avea (are)?
- spumoasă şi rozie
- striuri roşii în mucus
- cheaguri roşii
- cheaguri negre

De câtă vreme expectoraţi sânge?
- ani
- luni
- zile
- ore

De câte ori
- pe an?
- pe lună?
- pe zi?
- pe oră?

## *Ankle swelling*

Do your ankel swell?
Do your legs swell
- in the evening?
- in the morning?

Does the swelling decrease
- if you lie down?
- with your legs up?

## *Inflamaţia articulaţiilor*

Vi se umflă încheieturile?
Vi se umflă picioarele
- seara?
- dimineaţa?

Edemele se diminuează
- dacă vă întindeţi?
- dacă ţineţi picioarele ridicate?

## *Oliguria*

Do you pass small amounts of urine?

## *Oliguria*

Urinaţi puţin?

## *Syncope*

Did you ever become unconscious? (Did you ever faint?)
How long does it last?
- days
- hours
- minutes
- seconds

## *Sincopa*

V-aţi pierdut vreodată cunoştinţa? (Aţi leşinat vreodată?)
Cât timp durează?
- zile
- ore
- minute
- secunde

For how long have you complained of loss of consciousness?
- years
- months
- days
- hours

De cât timp aveţi aceste pierderi de cunoştinţă?
- ani
- luni
- zile
- ore

How often do you get this loss of consciousness?
How many times
- a year?
- a month?
- a day?
- an hour?

Cât de des vi se întâmplă să vă pierdeţi cunoştinţa?
De câte ori
- pe an?
- pe lună?
- pe zi?
- pe oră?

Is the start of these faints very sudden?
Or do you get warning signals?
- sweating
- pallor
- buzz in the ears
- blurred vision
- nausea (a feel of sickness)
- weakness

Pierderile de cunoştinţă survin brusc?
Sau aveţi semne premonitorii?
- transpiraţii
- paloare
- ţiuit în urechi
- vedere înceţoşată
- greaţă (senzaţie de rău)
- slăbiciune

Do you get this blackout
- while resting?
- while doing exercise?
- while you are anxious?
- while you have a sharp pain?
- when you are tired?
- during bouts of coughing?
- after a sudden change of posture?
- when you suddenly move from lying down to standing?
- when you stay still without moving for a long while?
- when you rotate or hyperflexe your head?

Pierderea cunoştinţei survine
- când sunteţi în repaus?
- când faceţi efort?
- când sunteţi neliniştit?
- când aveţi o durere ascuţită?
- când sunteţi obosit?
- în timpul acceselor de tuse?
- după o schimbare bruscă de poziţie?
- când vă ridicaţi brusc în picioare din poziţia culcat?
- când staţi fără să vă mişcaţi timp îndelungat?
- când rotiţi sau menţineţi capul în hiperflexie?

Do you fall down during this faint?
Or do you have time to lie down?
Are you fully unconscious?
Or can you hear what is happening around you?
Do you come back to consciousness
- suddenly and immediately?
- gradually?

Cădeţi în timpul sincopelor?
Sau aveţi timp să vă întindeţi?
Vă pierdeţi complet cunoştinţa?
Sau puteţi auzi ce se întâmplă în jurul dumneavoastră?
Vă recăpătaţi cunoştinţa
- brusc şi imediat?
- treptat?

Do you have any memory defect about what happened just prior to the faint?
Do you pass urine after the faint?
Do you bite your tongue?

Se întâmplă să nu vă aduceţi aminte ce s-a întâmplat imediat înainte de sincopă?
Urinaţi după sincopă?
Vă muşcaţi limba?

## *Visual disturbance*

Do you see any floating spots in front of your eyes?
Do you see stars, flushes?

## *Tulburările vizuale*

Vedeţi puncte mişcătoare în faţa ochilor?
Vedeţi puncte luminoase?

## *Tinnitus*

Do you have any buzzing in the ears?

## *Acufenele*

Vă ţiuie urechile?

## *Headaches*

Do you get any headaches?

## *Durerile de cap*

Aveţi dureri de cap?

### Site

Where does it hurt? (show me with your hand)

### Localizarea

Unde vă doare? (arătaţi-mi cu mâna)

### Time and mode of onset

When did the pain start?
- At what time?
- At what date? (write it down in numbers)

Did the pain begin
- little by little?
- suddenly?

### Momentul şi modul de debut

Când a început durerea?
- La ce oră?
- La ce dată? (scrieţi în cifre)

Durerea a început
- progresiv?
- brusc?

### Severity

Does the pain prevent you from carrying out your activities?
Does it force you to go to bed?
Did you have to call your doctor because of that pain?
Did you have to take pain killers?
Does the pain wake you up at night?
Does it prevent you from sleeping?
Does it force you to lie still?

### Intensitatea

Durerea vă împiedică să vă desfăşuraţi activităţile obişnuite?
Vă obligă să vă întindeţi în pat?
A fost nevoie să chemaţi medicul din cauza durerii?
A fost nevoie să luaţi calmante?
Durerea vă trezeşte noaptea din somn?
Vă împiedică să dormiţi?
Vă obligă să staţi întins, nemişcat?

| | |
|---|---|
| **Nature** | **Tipul** |
| Is it just a mild discomfort? | Este doar un disconfort moderat? |
| Is it a nagging pain? | Este o durere continuă? |
| Is it throbbing? | Este pulsatilă? |
| Is it constricting? (like a tightness) | Este constrictivă? (ca şi cum v-ar strânge ceva) |
| Is it a pain that comes and goes and migrates? | Este o durere care apare şi dispare şi care migrează? |
| If you feel "just a pain" and can't describe it with those adjectives, it doesn't matter. | Dacă este „doar o durere" pe care nu o puteţi descrie cu aceşti termeni, nu este nici o problemă. |
| **Progression of the pain** | **Evoluţia durerii** |
| Does the pain begin at its maximum intensity and remain at this level until it disappears? | Durerea începe la intensitatea maximă şi rămâne la această intensitate până când dispare? |
| Does it increase steadily? | Creşte progresiv în intensitate? |
| If it began at its peak, does it decline slowly? | Dacă începe la intensitatea maximă, scade apoi treptat în intensitate? |
| Does it fluctuate? (it comes and goes and starts again) | Este fluctuantă? (apare, dispare, apoi reapare) |
| **The end of the pain** | **Remiterea durerii** |
| Did the pain end spontaneously? | Durerea a încetat de la sine? |
| Or as a result of some action | Sau ca rezultat al unor intervenţii |
| • by yourself? | • ale dumneavoastră? |
| • by a doctor? | • ale unui medic? |
| Did the pain cease | Durerea a cedat |
| • suddenly? | • brusc? |
| • gradually? | • treptat? |
| **Duration** | **Durata** |
| How long have you had this pain? | De cât timp aveţi această durere? |
| • days | • zile |
| • months | • luni |
| • years | • ani |
| How long does the pain last when you get it? | Cât timp durează durerea atunci când apare? |
| • minutes | • minute |
| • hours | • ore |
| • days | • zile |
| • months | • luni |

### Relieving factors

Does anything ease the pain?
- lying still
- medicine:
  - pain killers (aspirin)
  - blood pressure tablets

### Factori calmanţi

Există ceva care calmează durerea?
- poziţia culcat, fără să vă mişcaţi
- medicamente:
  - antialgice (aspirina)
  - antihipertensive

### Exacerbating factors

What brings it on? What makes it worse?
- tiredness
- stress
- your tablets
- forgetting your tablets

### Factori agravanţi

Ce o declanşează? Ce o agravează?
- oboseala
- stresul
- pastilele
- faptul că uitaţi să luaţi medicamentele

### Radiation

Does the pain spread?
- to the back of the neck
- to the jaws

### Iradierea

Durerea iradiază?
- spre ceafă
- spre maxilare

### Cause

What, in your own opinion, causes the pain?
- high blood pressure
- side effects of your medicine
- others

### Cauza

În opinia dumneavoastră, ce anume provoacă durerea?
- hipertensiunea arterială
- efectele secundare ale medicamentelor pe care le luaţi
- altele

## Peripheral vascular symptoms

### *Intermittent claudication*

Do you get any pain in the leg muscles on exercise?
What is the exact site of the pain:
- foot?
- calf?
- thigh?
- buttock?

How far can you walk before the pain begins? (in yards)
Is the pain so bad that you have to stop walking?
How long does the pain take to wear off?

## Simptome vasculare periferice

### *Claudicaţia intermitentă*

Aveţi crampe musculare la nivelul gambelor când faceţi efort?
Care este localizarea exactă a acestor dureri:
- picior?
- gambă?
- coapsă?
- fese?

Ce distanţă puteţi parcurge până să apară durerile? (în yarzi)
Durerea este atât de puternică încât trebuie să vă opriţi?
În cât timp dispare durerea?

| | |
|---|---|
| • minutes<br>• seconds | • minute<br>• secunde |
| Can you then walk the same distance again ? | Puteţi apoi să parcurgeţi aceeaşi distanţă din nou ? |
| Do you get this pain when<br>• climbing upstairs ?<br>• walking up hills ? | Aveţi aceste dureri când<br>• urcaţi scările ?<br>• urcaţi la deal ? |
| Is the pain more frequent in cold weather ? | Durerea este mai frecventă dacă vremea e rece ? |
| How long does it last ?<br>• days<br>• hours<br>• minutes<br>• seconds | Cât timp durează ?<br>• zile<br>• ore<br>• minute<br>• secunde |
| For how long have you complained of these pains ?<br>• How many years ?<br>• How many months ?<br>• How many days ?<br>• How many hours ? | De cât timp vă plângeţi de aceste dureri ?<br>• De câţi ani ?<br>• De câte luni ?<br>• De câte zile ?<br>• De câte ore ? |
| How often do you get them ?<br>• How many times<br>– a year ?<br>– a month ?<br>– a day ?<br>– an hour ? | Cât de des apar ?<br>• De câte ori<br>– pe an ?<br>– pe lună ?<br>– pe zi ?<br>– pe oră ? |
| *Pain at rest* | *Durerea de decubit* |
| Is there any pain in the limb at rest ? | Aveţi dureri în membre atunci când sunteţi în repaus ? |
| What is the exact site of the pain ?<br>• toe<br>• foot<br>• calf<br>• thigh<br>• buttock | Care este localizarea exactă a durerii ?<br>• deget<br>• picior<br>• gambă<br>• coapsă<br>• fese |
| Does the pain prevent you from sleeping ? | Durerea vă împiedică să dormiţi ? |
| What position relieves the pain ?<br>• legs hanging down<br>• walking | Ce poziţie vă calmează durerea ?<br>• picioarele atârnate în jos<br>• mersul |

### *Temperature and colour of hands and feet*

Do your feet get
- cold
  - always?
  - only at rest?
  - when walking?
- a change in their colour?
  - pallor
  - blueness
  - redness

Do your hands get
- cold?
- a change in the colour of the fingers?
  - pallor
  - blueness
  - redness
- painfull?

Do these phenomenons occur only during
- exposure to cold?
- finger trauma?

### *Temperatura şi culoarea mâinilor şi picioarelor*

Picioarele dumneavoastră sunt
- reci
  - întotdeauna?
  - numai în repaus?
  - când mergeţi?
- modificate la culoare?
  - paloare
  - cianoză
  - roşeaţă

Mâinile vă sunt
- reci?
- modificate la culoare la nivelul degetelor?
  - paloare
  - cianoză
  - roşeaţă
- dureroase?

Aceste fenomene apar numai în timpul
- expunerii la frig?
- traumatismelor la nivelul degetelor?

### *Paraesthesiae*

Do you get any tingling (pins and needles)
- in the feet?
- in the fingers?

### *Parestezia*

Simţiţi furnicături (înţepături ca de ace)
- în picioare?
- în degete?

## *Urinary system*

### *Pain*

Have you had any pain
- in the loin (any back pain)?
- in the groin?
- in the suprapubic area (bladder)?
  - on the left side
  - on the right side
  - on both sides

## *Aparatul urinar*

### *Durerea*

Aţi avut dureri
- în zona lombară (dureri de spate)?
- în stinghie?
- în zona suprapubiană (la nivelul vezicii)?
  - în partea stângă
  - în partea dreaptă
  - în ambele părţi

## Site

Where does it hurt? (show me with your hand)

## Localizarea

Unde vă doare? (arătaţi-mi cu mâna)

## Time and mode of onset

When did the pain start?
- At what time?
- At what date? (write it down in numbers)

Did the pain begin
- little by little?
- suddenly?

## Momentul şi modul de debut

Când a apărut durerea?
- La ce oră?
- La ce dată? (scrieţi în cifre)

Durerea a început
- progresiv?
- brusc?

## Severity

Does the pain prevent you from carrying out your activities?
Does it force you to go to bed?
Did you have to call your doctor because of that pain?
Did you have to take pain killers?
Does the pain wake you up at night?
Does it prevent you from sleeping?
Does it force you to lie still?
Does it force you to roll around seeking a comfortable position?

## Intensitatea

Durerea vă împiedică să vă desfăşuraţi activităţile obişnuite?
Vă obligă să vă întindeţi în pat?
A fost nevoie să chemaţi medicul din cauza durerii?
A fost nevoie să luaţi calmante?
Durerea vă trezeşte noaptea din somn?
Vă împiedică să dormiţi?
Vă obligă să staţi întins, nemişcat?
Vă obligă să vă mişcaţi, să căutaţi o poziţie confortabilă?

## Nature

Is it just a mild discomfort?
Is it a nagging pain?
Is it burning?
Is it a stabbing pain (a sharp pain, "like a knife")?
Is it a throbbing pain?
Is it constricting? (like a tightness)

Do you have
- a bursting feeling?
- a distension?

Is it a gripping pain?
If you feel "just a pain" and can't describe it with those adjectives, it doesn't matter.

## Tipul

Este doar un disconfort moderat?
Este o durere continuă?
Aveţi senzaţia de arsură?
Este o durere puternică (o durere ascuţită, „ca o lovitură de cuţit")?
Este o durere pulsatilă?
Este o durere constrictivă? (ca şi cum v-ar strânge ceva)

Aveţi
- senzaţia că explodaţi?
- senzaţia de distensie?

Este o durere ca o crampă?
Dacă este „doar o durere" pe care nu o puteţi descrie cu aceşti termeni, nu este nici o problemă.

## Progression of the pain

Does it begin at its maximum intensity and remain at this level until it disappears?

Does it increase steadily?
If it began at its peak, does it decline slowly?

Does it fluctuate? (it comes and goes and starts again)

## Evoluţia durerii

Durerea începe la intensitatea maximă şi rămâne la această intensitate până când dispare?

Creşte progresiv în intensitate?
Dacă începe la intensitatea maximă, scade apoi treptat în intensitate?

Este fluctuantă? (apare, dispare şi apoi reapare)

## The end of the pain

Did the pain end spontaneously?
Or as a result of some action
- by yourself?
- by a doctor?

Did the pain cease
- suddenly?
- gradually?

## Remiterea durerii

Durerea a încetat de la sine?
Sau ca rezultat al unor intervenţii
- ale dumneavoastră?
- ale unui medic?

Durerea a încetat
- brusc?
- treptat?

## Duration

How long have you had this pain?
- days
- months
- years

How long does the pain last when you get it?
- minutes
- hours
- days
- months

## Durata

De cât timp aveţi această durere?
- zile
- luni
- ani

Cât timp durează durerea atunci când apare?
- minute
- ore
- zile
- luni

## Relieving factors

Do pain killers ease the pain?

## Factori calmanţi

Antialgicele calmează durerea?

## Exacerbating factors

What brings it on? What makes it worse?
- long drives in a car

## Factori agravanţi

Ce declanşează durerea? Ce o agravează?
- călătoriile lungi cu maşina

## Radiation

Does the pain spread
- lower down (genitalia)?
- in the front?

## Iradierea

Durerea iradiază
- în jos (în regiunea genitală)?
- în faţă?

| | |
|---|---|
| Associated factors | Factori asociaţi |
| Is the pain associated with<br>• nausea? (sickness)<br>• vomiting?<br>• fever? | Durerea este însoţită de<br>• greaţă? (stare de rău)<br>• vomismente?<br>• febră? |
| Micturition changes after the pain | Modificări ale micţiunii după criza dureroasă |
| How many urine is passed<br>• normal amount?<br>• little amount?<br>• not at all?<br>• a lot? | Urinaţi<br>• în cantitate normală?<br>• puţin?<br>• deloc?<br>• mult? |
| Is the urine (the water)<br>• clear?<br>• cloudy?<br>• bloody? | Urina este<br>• limpede?<br>• tulbure?<br>• sangvinolentă? |
| Have you ever noticed in the urine<br>• any stone?<br>• any sand? | Aţi remarcat vreodată în urină<br>• pietre?<br>• nisip? |
| Have you ever suffered from renal colic? | Aţi avut vreodată colică renală? |
| *Oedema* | *Edemele* |
| Do you feel any swelling<br>• around the ankles?<br>• around your face?<br>• under the eyes? (puffy eyes)<br>• round all your body? | Simţiţi umflături<br>• la nivelul articulaţiilor?<br>• la nivelul feţei?<br>• sub ochi (pungi sub ochi)?<br>• la nivelul întregului corp? |
| Did you gain any weight since your illness? | Aţi luat în greutate de când v-aţi îmbolnăvit? |
| *Thirst* | *Setea* |
| Are you often thirsty?<br>Do you drink excessive volumes of water? | Vă este sete des?<br>Beţi mari cantităţi de apă? |
| *Problems with micturition* | *Probleme la micţiune* |
| Have you any trouble passing water?<br>How often do you urinate<br>• during day time?<br>• during night time? | Aveţi probleme când urinaţi?<br>Cât de des urinaţi<br>• în cursul zilei?<br>• în cursul nopţii? |

Do you wake up at night because you have to pass urine ?

How much urine do you pass each time you go to the toilet :

- normal quantity ?
- big amount ?
- reduced quantity (a few drops) ?

How much urine do you pass every day ? (in litres)

Do you get any pain passing urine ?

Is the pain

- before the act ?
- during the act ?
- after the act ?

Is it made worse by micturition ?

What is the nature of those pains :

- dull pain ?
- burning sensation ?

Do you suffer from any painfull and unsatisfied desire to micturate ?

Do you have to strain to pass water ?

Is the force of the stream

- good ?
- weak ?

Can you stop your urine stream at will ?

Is there any dribbling at the end of micturition ?

Do you ever wet yourself ? (Do you suffer from urine incontinence ?)

Can you hold your urine when you strain, sneeze, cough, laugh, or lift something heavy ?

Were you unable to pass urine in spite of a desperate desire to do so ? (retention of urine)

## Modification of urine

What is the colour of the urine ?

- clear
- dark
- cloudy
- red

What is the smell of the urine ?

Vă treziţi noaptea pentru că simţiţi nevoia să urinaţi ?

Cât urinaţi de fiecare dată când mergeţi la baie :

- cantitate normală ?
- cantitate mare ?
- cantitate redusă (câteva picături) ?

Ce cantitate urinaţi într-o zi ? (în litri)

Aveţi dureri când urinaţi ?

Durerea este

- înainte de micţiune ?
- în timpul micţiunii ?
- după micţiune ?

Este agravată de micţiune ?

Ce fel de dureri sunt :

- dureri surde ?
- senzaţia de arsură ?

Aveţi senzaţia dureroasă şi falsă de a urina ?

Trebuie să depuneţi efort pentru a urina ?

Forţa jetului este

- mare ?
- mică ?

Puteţi să întrerupeţi voluntar urinarea ?

Pierdeţi picături de urină la sfârşitul micţiunii ?

Pierdeţi urină ? (Suferiţi de incontinenţă urinară ?)

Puteţi să vă reţineţi urina când faceţi efort, strănutaţi, tuşiţi, râdeţi sau ridicaţi un obiect greu ?

Vi s-a întâmplat să nu puteţi urina în ciuda faptului că simţeaţi nevoia imperioasă de a o face ? (retenţie de urină)

## Modificări ale urinei

Ce culoare are urina ?

- deschisă
- întunecată
- tulbure
- roşie

Ce miros are urina ?

- normal
- offensive

Have you passed blood in the urine?
- When?
- How often?
- Did your urine then look like pure blood?

Does the blood appear
- at the beginning of micturition?
- in the middle of micturition?
- at the end of micturition only?
- during all the micturition?

Does the red colour of the urine appear
- after taking some medicine?
  - Name them, please.
- after excess beetroot eating?
- during your menstrual period?

Have you ever passed gas bubbles with the urine?
Show me your urine jar, please.

- normal
- neplăcut

Aţi urinat vreodată cu sânge?
- Când?
- Cât de des?
- Urina a arătat atunci ca sângele?

Sângele apare
- la începutul micţiunii?
- în timpul micţiunii?
- numai la sfârşitul micţiunii?
- pe toată durata micţiunii?

Culoarea roşie a urinei apare
- după ce luaţi unele medicamente?
  - Numiţi-le, vă rog.
- după ce consumaţi sfeclă în exces?
- în timpul menstruaţiei?

Aţi avut vreodată gaze în urină?

Arătaţi-mi recipientul dumneavoastră cu urină, vă rog.

## *Genital tract*

### THE FEMALE GENITALIA

#### *Menstruation*

What age were you when you got your first periods?
What is the date of your last menstrual period?
How often do you get your periods?
How long do they last?
Is your menstrual flow
- heavy?
- scanty?

Are you loosing
- more blood
- less blood
- the same amount of blood as usual during your periods?

## *Aparatul genital*

### APARATUL GENITAL FEMININ

#### *Menstruaţia*

La ce vârstă aţi avut prima menstruaţie?

Care este data ultimei menstruaţii?

Cât de des aveţi menstruaţie?
Cât durează?
Fluxul menstrual este
- abundent?
- redus?

Pierdeţi
- mai mult sânge
- mai puţin sânge
- aceeaşi cantitate de sânge ca de obicei în timpul menstruaţiei?

How many
- pads (sanitary towels)
- menstrual tampons

do you need each day during your periods?

De câte
- şerveţele igienice
- tampoane

aveţi nevoie în fiecare zi în perioada menstruaţiei?

Do you have pain at the periods? (dysmenorrhoea)
Aveţi dureri în perioada menstruaţiei? (dismenoree)

Do you get any premenstrual tension in your breasts?
Simţiţi tensiune în sâni în perioada premenstruală?

Do you loose any blood between your periods?
Pierdeţi sânge între menstre?

Do you get any abdominal pain midway between the periods?
Aveţi dureri abdominale în mijlocul ciclului menstrual?

Did your periods cease?
- How long ago?

Sunteţi la menopauză?
- De cât timp?

Do you get hot flushes?
Aveţi bufeuri?

## *Vaginal discharge* / *Scurgerile vaginale*

Have you a vaginal discharge?
What does it look like?
- yellowish
- reddish
- brown
- clear
- green
- creamy
- thick
- watery
- frothy
- sticky
- smelly
- heavy
- scanty

Aveţi scurgeri vaginale?
Ce aspect au?
- gălbui
- roşietice
- maronii
- limpezi
- verzui
- cremoase
- dense
- apoase
- spumoase
- lipicioase
- urât mirositoare
- abundente
- reduse

## *Vaginal pruritus* / *Pruritul vaginal*

Do you have any itching around
- the vulva?
- the vagina (front passage)?

Aveţi prurit în jurul
- vulvei?
- vaginului (părţii anterioare)?

## *Dyspareunia* / *Dispareunia*

Is intercourse painful?
Aveţi dureri în timpul actului sexual?

## *Breast symptoms*

Do you get
- any pain
- any tenderness

in your breasts before your periods?

Do you have any lumps in the breasts?
- right breast
- left breast

Do you have any swelling in the breasts?
Have you any discharge from the nipple?
Have you any itching of the nipple?
Did you breast-feed your children?

## *Simptome la nivelul sânilor*

Aveţi
- dureri
- tensiune

în sâni înainte de menstruaţie?

Aveţi excrescenţe la nivelul sânilor?
- sânul drept
- sânul stâng

Aveţi umflături la nivelul sânilor?
Aveţi secreţii mamare?
Aveţi prurit la nivelul mameloanelor?
V-aţi alăptat copiii?

## *Pregnancy*

Are you pregnant?

What is the date of your last menstrual period?
When are you due?
- day
- month

Have you any morning sickness?
Do you have any burning sensation when you pass urine?
Have you any bleeding?
Are you rubella immune?
Do you feel your baby moving?
Do you have any contractions?
Did you waters break?
Are you in labour?

### Number of pregnancies

How many times have you been pregnant? (Write the years, please.)
Were your pregnancies
- normal?
- full term?

Did you have
- normal vaginal deliveries?
- forceps deliveries?
- vacuum extractions?
- caesarean sections?
- premature deliveries?

What were your children's birth weight?

## *Sarcina*

Sunteţi însărcinată?

Care este data ultimei menstruaţii?
Care este data prevăzută pentru naştere?
- ziua
- luna

Aveţi greţuri matinale?
Aveţi senzaţia de arsură când urinaţi?

Sângeraţi?
Sunteţi vaccinată împotriva rubeolei?
Simţiţi mişcările copilului?
Aveţi contracţii?
Vi s-a rupt apa?
Sunteţi în travaliu?

### Numărul sarcinilor

De câte ori aţi fost însărcinată? (Scrieţi anii, vă rog.)
Sarcinile au fost
- normale?
- la termen?

Au fost
- naşteri naturale?
- naşteri cu ajutorul forcepsului?
- extracţii cu ajutorul vacuumului?
- naşteri prin cezariană?
- naşteri premature?

Care a fost greutatea copiilor la naştere?

Where and when did you deliver?
- place
- date

Unde şi când aţi născut?
- locul
- data

Have you had any miscarriages?
Did you have any induced abortions?

Aţi pierdut vreo sarcină?
Aţi avut avorturi voluntare?

### *Birth control*

Do you practice birth control? Do you use
- the pill?
- coil?
- vaginal foam?
- condoms?
- rhythm?
- withdrawal?
- tubal ligation?
- vasectomy?

### *Contracepţia*

Utilizaţi vreo măsură contraceptivă? Folosiţi
- pilule?
- sterilet?
- spermicide vaginale?
- prezervative?
- metoda calendarului?
- *coitus interruptus*?
- legarea trompelor?
- vasectomia?

#### THE MALE GENITALIA

Do you have any pain in the penis
- during rest?
- during micturition?
- during intercourse?

Do you have any discharge from your urethra?
Have you noticed around your testis
- any swelling, lump?
- any pain?

Can you achieve
- a normal erection?
- a normal ejaculation?

Is there any blood in the fluid when you ejaculate?

#### APARATUL GENITAL MASCULIN

Aveţi dureri la nivelul penisului
- în repaus?
- în timpul micţiunii?
- în timpul actului sexual?

Aveţi scurgeri din uretră?
Aţi sesizat la nivelul testiculelor
- vreo tumefiere, umflătură?
- vroo durere?

Aveţi
- o erecţie normală?
- o ejaculare normală?

Există sânge în lichidul de ejaculare?

## *Nervous system*

#### MOTOR DISTURBANCES

### *Paralysis*

Can you use your arms and legs normally?

Are you paralyzed?

## *Sistemul nervos*

#### TULBURĂRI MOTORII

### *Paralizia*

Puteţi să vă serviţi normal de braţe şi picioare?
Sunteţi paralizat?

- Since when?

Have you been paralyzed?
- When?

Did you have a stroke?
Or do you have any muscle weakness?
Do you have any trouble moving any part of your body?
Was the onset
- sudden?
- little by little?

Did you lose consciousness?
What part of your body was first involved? (show it with your hand)
How far did the paralysis extend? (show it with your hand)
Is it less severe?
Have you regained any strength
- in a limb?
- in a part of a limb?

Is the paralysis getting any worse?
Immediately prior to the paralysis did you suffer from any
- high temperature?
- headache?
- loss of consciousness (faint)?
- vomiting?

Do you have any difficulty
- in speaking?
- in whistling, smiling, frowning, swallowing, chewing?

Do you get any shaking of your limbs?
- Does it happen
  - when you rest?
  - when you try to reach something?

- De când?

Aţi fost paralizat?
- Când?

Aţi avut un atac cerebral?
Sau aveţi o slăbiciune musculară?
Aveţi dificultăţi în a mişca anumite părţi ale corpului?
Debutul a fost
- brusc?
- lent?

V-aţi pierdut cunoştinţa?
Care parte a corpului a fost afectată prima? (arătaţi-mi cu mâna)
Până la ce nivel s-a extins paralizia? (arătaţi-mi cu mâna)
E mai puţin severă?
V-aţi recuperat forţa
- în vreun membru?
- în vreo parte a unui membru?

Paralizia tinde să se agraveze?
Imediat înainte de paralizie aţi avut
- temperatură?
- dureri de cap?
- pierderi ale cunoştinţei (leşin)?
- vomismente?

Aveţi dificultăţi
- când vorbiţi?
- când fluieraţi, zâmbiţi, încruntaţi sprâncenele, înghiţiţi, mestecaţi?

Vă tremură membrele?
- Aceasta se întâmplă
  - când sunteţi în repaus?
  - când încercaţi să ajungeţi la un obiect?

## *Loss of consciousness*

Did you ever faint (pass out)?
Did you ever have epileptic fits?
How old were you at the first seizure?
What has been
- the longest interval between attacks?
- the shortest interval between attacks?

Do they occur in sleep?

## *Pierderea cunoştinţei*

V-aţi pierdut vreodată cunoştinţa (aţi leşinat)?
Aţi avut vreodată crize de epilepsie?
La ce vârstă aţi avut prima criză?
Care a fost
- cel mai lung interval dintre crize?
- cel mai scurt interval dintre crize?

Le faceţi în somn?

| | |
|---|---|
| Can you tell when the fits are going to happen? | Puteţi prevedea apariţia crizelor? |
| Has anyone told you that before the attacks you | V-a spus cineva că înainte de crize |
| • staggered around? | • vă clătinaţi? |
| • were confused? | • aţi fost dezorientat? |
| • made sounds that could not be understood? | • aţi scos sunete care nu au putut fi înţelese? |
| Is the onset | Debutul a fost |
| • sudden? | • brusc? |
| • gradual? | • progresiv? |
| Do you become rigid? | Deveniţi rigid? |
| Are the convulsions present? | Aţi avut convulsii? |
| Are the convulsions | Convulsiile sunt |
| • general? | • generalizate? |
| • local? | • localizate? |
| Where do they begin? | De unde pornesc? |
| Where do they end? (show me with your hand) | Unde se termină? (arătaţi-mi cu mâna) |
| During the fit | În timpul crizei |
| • do you fall? | • cădeţi? |
| • have you ever hurt yourself? | • v-aţi lovit vreodată? |
| • do you bite your tongue? | • vă muşcaţi limba? |
| • do you micturate? | • urinaţi? |
| • do you soil yourself? | • defecaţi? |
| Are there any after symptoms such as: | După criză aţi avut simptome cum ar fi: |
| • drowsiness? | • toropeală? |
| • headache? | • dureri de cap? |
| • paralysis? | • paralizie? |
| • automatism? | • automatism? |
| Do you see things that are not there? | Aveţi halucinaţii vizuale? |
| Do you hear things that are not there? | Aveţi halucinaţii auditive? |
| Do you taste things that are not there? | Aveţi halucinaţii gustative? |
| Did you ever have a head injury? | Aţi suferit vreun traumatism cranian? |
| • When? | • Când? |
| – day | – ziua |
| – year | – anul |
| • Did you ever have a discharge from the ear? | • Aţi avut scurgeri din ureche? |

## SENSORY DISTURBANCES / TULBURĂRI SENZITIVE

### *Pain* / *Durerea*

| | |
|---|---|
| Do you have a headache? | Vă doare capul? |

| | |
|---|---|
| **Site** | **Localizarea** |
| Where does it hurt? (show me with your hand) | Unde vă doare? (arătaţi-mi cu mâna) |
| **Time and mode of onset** | **Momentul şi modul de debut** |
| When did the pain start?<br>• time of onset<br>• date of onset (write it down in numbers) | Când a început durerea?<br>• ora debutului<br>• data debutului (scrieţi în cifre) |
| Did the pain begin<br>• little by little?<br>• suddenly? | Durerea a început<br>• progresiv?<br>• brusc? |
| **Severity** | **Intensitatea** |
| Does the pain prevent you from carrying out your activities?<br>Does it force you to go to bed?<br>Did you have to call your doctor because of that pain?<br>Did you have to take pain killers?<br>Does the pain wake you up at night?<br>Does it prevent you from sleeping?<br>Does it force you to lie still? | Durerea vă împiedică să vă desfăşuraţi activităţile obişnuite?<br>Vă obligă să vă întindeţi în pat?<br>A fost nevoie să chemaţi medicul din cauza durerii?<br>A fost nevoie să luaţi calmante?<br>Durerea vă trezeşte noaptea din somn?<br>Vă împiedică să dormiţi?<br>Vă obligă să staţi întins, nemişcat? |
| **Nature** | **Tipul** |
| Is it just a mild discomfort?<br>Is it a nagging pain?<br>Is it burning?<br>Is it a stabbing pain (a sharp pain, "like a knife")?<br>Is it a throbbing pain?<br>Is it constricting? (like a tightness) | Este doar un disconfort moderat?<br>Este o durere continuă?<br>Aveţi senzaţia de arsură?<br>Este o durere puternică (o durere ascuţită, „ca o lovitură de cuţit")?<br>Este o durere pulsatilă?<br>Este constrictivă? (ca şi cum v-ar strânge ceva) |
| Is it like wearing a tight helmet?<br>Is it a pain that comes and goes and migrates?<br>If you feel "just a pain" and can't describe it with those adjectives, it doesn't matter. | E ca şi cum aţi purta o cască strâmtă?<br>E o durere care apare şi dispare şi care migrează?<br>Dacă este „doar o durere" pe care nu o puteţi descrie cu aceşti termeni, nu este nici o problemă. |
| **Progression of the pain** | **Evoluţia durerii** |
| Does it begin at its maximum intensity and remain at this level until it disappears? | Durerea începe la intensitatea maximă şi rămâne la această intensitate până când dispare? |

Does it increase steadily?
If it began at its peak, does it decline slowly?

Does it fluctuate? (it comes and goes and starts again)

Creşte progresiv în intensitate?
Dacă începe la intensitatea maximă, scade treptat în intensitate?
Este fluctuantă? (apare, dispare şi apoi reapare)

## The end of the pain

Did the pain end spontaneously?
Or as a result of some action
- by yourself?
- by a doctor?

Did the pain cease
- sunddenly?
- gradually?

## Remiterea durerii

Durerea încetează de la sine?
Sau ca rezultat al unor intervenţii
- ale dumneavoastră?
- ale unui medic?

Durerea a cedat
- brusc?
- treptat?

## Duration

How long have you had this pain?
- hours
- days
- months

How long does the pain last when you get it?
- minutes
- hours
- days

## Durata

De cât timp aveţi această durere?
- ore
- zile
- luni

Cât timp durează durerea atunci când apare?
- minute
- ore
- zile

## Relieving factors

Does anything ease the pain?
- lying still
- medicine:
  - pain killers (aspirin)
  - anti-inflammatory drugs

## Factori calmanţi

Există ceva care calmează durerea?
- poziţia culcat, fără să vă mişcaţi
- medicamente:
  - antialgice (aspirină)
  - antiinflamatorii

## Exacerbating factors

What brings it on? What makes it worse?
- food:
  - cheese
  - chocolate
  - wine
- coughing
- exercise
- changing position
- light

## Factori agravanţi

Ce o declanşează? Ce o agravează?
- alimentele:
  - brânza
  - ciocolata
  - vinul
- tusea
- efortul
- schimbarea poziţiei
- lumina

Radiation

Does the pain spread
- to the back?
- to the neck?

Do you complain of any other pain?

Iradierea

Durerea iradiază
- în spate?
- în zona gâtului?

Mai aveţi şi alte dureri?

Associated factors

When you have the pain
- do you feel sick?
- do you vomit?
- do you get visual symptoms?

Factori asociaţi

Când aveţi dureri
- vă este greaţă?
- vomitaţi?
- aveţi tulburări de vedere?

Cause

What, in your own opinion, causes the pain?
- a traumatism
- a migraine
- meningitis
- other causes

Cauza

După părerea dumneavoastră, ce anume provoacă durerea?
- un traumatism
- o migrenă
- meningita
- alte cauze

Anesthesia

Do you have any numbness? (show me where with your hand)
Did you lose any cutaneous sensation
- in light touch?
- in temperature?
- in pain?

Do you get any sensation of pins and needles in your limbs?
- feet
- hands

Amorţeala

Simţiţi o amorţeală? (arătaţi-mi cu mâna unde anume)
Nu simţiţi pe piele
- atingerea uşoară?
- căldura?
- durerea?

Aveţi senzaţia de furnicături în membre?
- picioare
- mâini

## DISTURBANCES OF THE SENSES

Is your eyesight good?
Do you wear glasses?
Do you have any double vision?
Do you have any blurred vision?
Can you hear normally?
Do you complain of any deafness?
Do you have a buzzing in your ears?
Do you have any trouble
- in smelling?
- in tasting?

## TULBURĂRI SENZORIALE

Vederea dumneavoastră este bună?
Purtaţi ochelari?
Vedeţi dublu?
Vedeţi neclar?
Auziţi normal?
Suferiţi de surditate?
Vă ţiuie urechile?
Aveţi tulburări
- de miros?
- de gust?

### Balance disturbance

Do you complain of vertigo?
Do you feel that things are turning around you?
Do you lose your balance
- while walking?
- while standing?

Did you ever fall down because of that lack of balance?
Do you always fall down on the same side?
- right side
- left side

Do you then feel nauseated?
Do you vomit?

### Tulburări de echilibru

Suferiţi de vertijuri?
Aveţi senzaţia că lucrurile se învârt în jurul dumneavoastră?
Vă pierdeţi echilibrul
- când mergeţi?
- când staţi?

Aţi căzut vreodată din cauză că v-aţi pierdut echilibrul?
Întotdeauna cădeţi pe aceeaşi parte?
- partea dreaptă
- partea stângă

După aceea simţiţi că vi se face greaţă?
Vomaţi?

## *Psychiatry*

Do you think you are ill?
Do you think it might be a nervous or mental illness?

## *Psihiatrie*

Credeţi că sunteţi bolnav?
Credeţi că ar putea fi o afecţiune nervoasă sau mintală?

### Mood disturbance

*Anxiety*

Do you feel keyed-up?
Do you worrying a lot?
Are you irritable?
Do you have difficulty relaxing?
Are you a poor sleeper?
Do you sleep
- too much?
- not enough
  - because you have trouble getting to sleep?
  - because you wake up frequently?

Do you have any nightmares?
Have you any headache?
Do you often feel dizzy?
Do you often feel trembly?
Do you often feel sweating?
Do you often have diarrhoea?
Do you have frequent need to micturate?

### Tulburări umorale

*Anxietatea*

Vă simţiţi tensionat?
Vă faceţi multe griji?
Sunteţi iritabil?
Aveţi dificultăţi în a vă relaxa?
Dormiţi puţin?
Dormiţi
- prea mult?
- insuficient
  - pentru că adormiţi greu?
  - pentru că vă treziţi des?

Aveţi coşmaruri?
Aveţi dureri de cap?
Vă simţiţi adesea ameţit?
Tremuraţi des?
Transpiraţi des?
Aveţi adesea diaree?
Simţiţi des nevoia să urinaţi?

| | |
|---|---|
| Do you often have tingling? | Simţiţi adesea furnicături? |
| Are you worried about your health? | Vă îngrijorează starea dumneavoastră de sănătate? |
| ***Depression*** | ***Depresia*** |
| Do you lack energy? | Vă simţiţi fără vlagă? |
| Have you any loss of your usual interest? | V-aţi pierdut interesul pentru ceea ce vă interesa în mod obişnuit? |
| Have you lost confidence in yourself? | V-aţi pierdut încrederea în dumneavoastră? |
| Do you ever feel completely hopeless? | Vă simţiţi vreodată profund disperat? |
| Are you unable to concentrate? | Sunteţi incapabil să vă concentraţi? |
| Have you lost weight (due to poor appetite)? | Aţi slăbit (din cauza lipsei poftei de mâncare)? |
| Do you complain of early waking? | Vă plângeţi că vă treziţi prea devreme? |
| Do you ever feel slowed up? (down) | Vă simţiţi lent, greoi? |
| Do you feel worse in the morning? | Vă simţiţi rău dimineaţa? |
| ***Suicidal risk*** | ***Tendinţa de suicid*** |
| Did you ever feel that life isn't worth living? | Aţi simţit vreodată că viaţa nu merită să fie trăită? |
| Have you ever thought of ending your life? | V-aţi gândit vreodată să vă puneţi capăt vieţii? |
| Have you planned what you will do? | Aţi planificat cum o veţi face? |
| Do you intend to carry it through? | Intenţionaţi să o puneţi în practică? |
| • When? (date) | • Când? (data) |
| Have you ever attempted suicide? | Aţi încercat vreodată să vă sinucideţi? |
| • How? | • Cum? |
| – self-poisoning | – prin otrăvire |
| – self-injury | – prin rănire |
| • When? | • Când? |
| What is your attitude about being alive now: | Ce credeţi despre faptul că sunteţi acum în viaţă: |
| • are you happy? | • sunteţi fericit? |
| • are you sad? | • sunteţi trist? |
| THOUGHT CONTENT | CONŢINUTUL GÂNDURILOR |
| ***Preoccupations*** | ***Idei fixe*** |
| Do you have some thoughts that you just don't seem to be able to get out of your head? | Aveţi idei fixe de care nu reuşiţi să scăpaţi? |

| | |
|---|---|
| ***Abnormal beliefs*** | ***Idei anormale*** |
| Delusions | Iluzii |
| Do you think that others are trying to harm you? | Credeţi că ceilalţi încearcă să vă facă rău? |
| Do you feel guilty? | Vă simţiţi vinovat? |
| Do you think that your body has changed in any way? | Aveţi impresia că vi s-a schimbat corpul în vreun fel? |
| Do you think that you have special powers? | Credeţi că aveţi puteri speciale? |
| Do you think that you have been specially chosen? | Aveţi senzaţia că aţi fost „ales"? |
| Do others share your views? | Ceilalţi vă împărtăşesc ideile? |
| ***Disorder of perception*** | ***Tulburări de percepţie*** |
| Auditory hallucinations | Halucinaţii auditive |
| Do you ever hear voices when there is no one there, or no one is talking? | Auziţi voci când nu este nimeni în preajmă sau când nu vorbeşte nimeni? |
| Are these voices coming from<br>• outside your head?<br>• inside your head? | Vocile vin<br>• din afara capului dumneavoastră?<br>• din interiorul capului dumneavoastră? |
| Visual hallucinations | Halucinaţii vizuale |
| Do you ever see things that no one else sees? | Vedeţi vreodată lucruri pe care nimeni altcineva nu le vede? |
| **INTELLECTUAL FUNCTIONS** | **FUNCŢIILE INTELECTUALE** |
| ***Orientation*** | ***Orientarea temporo-spaţială*** |
| What day of the week is it today?<br>• Monday<br>• Tuesday<br>• Wednesday<br>• Thursday<br>• Friday<br>• Saturday<br>• Sunday | Ce zi a săptămânii e azi?<br>• luni<br>• marţi<br>• miercuri<br>• joi<br>• vineri<br>• sâmbătă<br>• duminică |
| Without looking at your watch, about what time is it now? (write it down, please) | Fără să vă uitaţi la ceas, puteţi aproxima ce oră este? (scrieţi, vă rog) |
| What date is it? (write it down, please) | În ce dată suntem? (scrieţi, vă rog) |
| What year is it? (write it down, please) | În ce an suntem? (scrieţi, vă rog) |

What is the name of this place? (write it down, please)
In what town are we? (write it down, please)
Do you know who I am? (write it down, please)

Cum se numeşte locul în care ne aflăm? (scrieţi, vă rog)
În ce oraş suntem? (scrieţi, vă rog)
Ştiţi cine sunt eu? (scrieţi, vă rog)

### *Short-term memory*

I will give you some numbers to remember. I want you to repeat them to me when I stop. (*Ex.*: two, seven, nine, twelve)

### *Memoria de scurtă durată*

Vă voi da câteva numere pe care să le reţineţi. Aş vrea să le repetaţi după ce mă opresc. (*Ex.*: doi, şapte, nouă, doisprezece)

### *Longer term memory*

How long have you been in hospital? (write it down, please)
Who brought you here? (write it down, please)
Can you tell me the name of the Prime Minister?

### *Memoria de lungă durată*

De cât timp sunteţi în spital? (scrieţi, vă rog)
Cine v-a adus aici? (scrieţi, vă rog)
Puteţi să-mi spuneţi numele prim-ministrului?

### *Remote memory*

Can you tell me the date of the first world war? (write it down, please)

### *Memoria îndepărtată*

Puteţi să-mi spuneţi data primului război mondial? (scrieţi, vă rog)

### *Alcohol problems*

Have you ever felt you ought to cut down on your drinking?
Have people annoyed you by criticizing your drinking?
Have you ever felt bad or guilty about your drinking?
Have you ever had a drink first thing in the morning to steady your nerves or get rid of a hangover (eye-opener)?

### *Dependenţa de alcool*

Aţi simţit vreodată că trebuie să puneţi capăt consumului de alcool?
Vă deranjează faptul că oamenii vă critică fiindcă beţi?
V-aţi simţit vreodată jenat sau vinovat pentru că beţi?
Aţi ajuns să beţi dimineaţa pentru a vă calma sau pentru a scăpa de mahmureală?

## Musculoskeletal system

Do you complain of
- rheumatoid arthritis?
- rheumatic fever?
- gout?

## Aparatul locomotor

Suferiţi de
- poliartrită reumatoidă?
- reumatism articular acut?
- gută?

*Pain in a bone*

Do you suffer from any bone pain? (show me with your hand)
Is it worse
- during the day?
- during the night?

*Dureri osoase*

Aveţi dureri osoase? (arătaţi-mi cu mâna)

Durerile sunt mai mari
- ziua?
- noaptea?

*Pain in a joint*

Do you get any pain in the joints? (show me with your hand)
Is the pain present
- constantly?
- only when moving the joint?
- mainly at rest?
- mainly when doing exercise?
- mainly when weather is damp?

How is the pain?
- severe
- moderate
- slight

In the area around the painful joint is there
- a stiffness?
- a swelling?
- a reddish colour?
- a warm sensation?
- a limitation of the movement?
- a locking sensation?
- a giveaway feeling?

Is the pain always in the same joint?

Or does it move from one joint to another?
Is the pain relieved by any drug?
- Which? (write the name, please)
  – aspirin

Are any muscles painful? (show me with your hand)
Can you walk normally?

*Dureri articulare*

Aveţi dureri la nivelul articulaţiilor? (arătaţi-mi cu mâna)
Durerea este prezentă
- continuu?
- numai când mişcaţi articulaţia?
- în special în repaus?
- în special când faceţi efort?
- în special când vremea este umedă?

Cum este durerea?
- puternică
- moderată
- uşoară

În zona din jurul articulaţiei dureroase prezentaţi
- rigiditate?
- o umflătură (un edem)?
- coloraţie roşie?
- senzaţia de căldură?
- limitarea mişcărilor?
- o senzaţie de blocaj?
- o senzaţie de slăbiciune?

Durerea apare întotdeauna la nivelul aceleiaşi articulaţii?
Sau migrează de la o articulaţie la alta?
Durerea este calmată de vreun medicament?
- Care? (scrieţi numele, vă rog)
  – aspirină

Vă dor muşchii? (arătaţi-mi cu mâna)

Puteţi merge normal?

*Traumatology*

Did you ever have any
- fracture?

*Traumatologie*

Aţi avut vreodată vreo
- fractură?

- sprain?
- dislocation?
- stitches? (show me where with your hand)

## *Endocrinology/Metabolism*

### THYROID GLAND

Has your weight remained constant?
Have you lost weight? (Do your clothes feel looser?)
Have you gained weight? (Do your clothes feel tighter?)
Are you on a slimming diet?
Have you a good appetite?
Has your appetite increased?
Has your appetite decreased?
Has it remained unchanged?
If your appetite has decreased, is this due

- to a lack of desire to eat?
- to apprehension because eating always causes pain?
- to any special food dislikes?

Do you have nausea?
Have you diarrhoea?
Are you constipated?
How often do you pass motions

- per week?
- per day?

Are you losing

- more blood
- less blood
- the same amount as usual during your periods?

Do you sleep

- well?
- too much?
- not enough?

Do you have

- muscle weakness?

- entorsă?
- luxaţie?
- sutură? (arătaţi-mi cu mâna unde anume)

## *Endocrinologie/Metabolism*

### GLANDA TIROIDĂ

Greutatea dumneavoastră a rămas constantă?
Aţi pierdut în greutate? (Hainele vă sunt mai largi?)
Aţi luat în greutate? (Hainele vă sunt mai strâmte?)
Urmaţi un regim de slăbire?
Aveţi poftă de mâncare?
V-a crescut pofta de mâncare?
V-a scăzut pofta de mâncare?
A rămas nemodificată?
Dacă v-a scăzut pofta de mâncare, aceasta se datorează

- pierderii dorinţei de a mânca?
- fricii de a mânca pentru că apar dureri în timpul alimentaţiei?
- dezgustului faţă de anumite alimente?

Vă este greaţă?
Aveţi diaree?
Sunteţi constipat?
Cât de dese sunt scaunele

- pe săptămână?
- pe zi?

Pierdeţi

- mai mult sânge
- mai puţin sânge
- aceeaşi cantitate de sânge ca de obicei în timpul menstruaţiei?

Dormiţi

- bine?
- prea mult?
- insuficient?

Simţiţi

- oboseală musculară?

- cramps?

Do you feel irritable?
Do you get a tremor on the hands?
Do you complain of intolerance
- to cold weather?
- to hot weather?

Do you sweat
- a lot?
- very little?

Have you noticed a swelling in your neck?

- crampe?

Sunteţi iritabil?
Vă tremură mâinile?
Prezentaţi intoleranţă
- la vremea rece?
- la vremea caldă?

Transpiraţi
- mult?
- foarte puţin?

Aţi remarcat o îngroşare a gâtului?

## *Palpitations*

Do you ever feel palpitations? (Do you feel your heart beat fast and strong?)
Does the heart give an occasional thump now and then?

## *Palpitaţii*

Aveţi vreodată palpitaţii? (Simţiţi că inima bate repede şi puternic?)
Inima vă dă şocuri violente câteodată?

### Mode of onset

Is the onset of the palpitations
- sudden?
- gradual?

What brings on the palpitations usually?
- emotions
- exercise
- an excess amount of coffee or tea
- an excess amount of smoking

### Modul de debut

Începutul palpitaţiilor este
- brusc?
- treptat?

Ce declanşează în mod obişnuit palpitaţiile?
- emoţiile
- efortul
- un consum excesiv de cafea sau ceai
- abuzul de ţigări

### The end of the palpitations

Is the end of the attack
- sudden?
- gradual?

Is the tachycardia
- regular?
- irregular?

Does the attack decrease if you rest?
Do you pass a lot of water after the end of the palpitations?
Did you ever feel your own pulse during an attack?
Is it around
- 100-130 per minute?

### Sfârşitul palpitaţiilor

Criza se termină
- brusc?
- treptat?

Tahicardia este
- regulată?
- neregulată?

Criza se diminuează în repaus?
Urinaţi mult după terminarea palpitaţiilor?
V-aţi luat vreodată pulsul în timpul unei crize?
Este în jur de
- 100-130 pe minut?

| | |
|---|---|
| • 150? | • 150? |
| • 180? | • 180? |
| • impossible to count? | • imposibil de numărat? |
| **Duration** | **Durata** |
| How long does the attack of palpitation last? | Cât durează criza de palpitaţii? |
| • days | • zile |
| • hours | • ore |
| • minutes | • minute |
| • seconds | • secunde |
| How long have you been complaining of palpitations? | De cât timp vă plângeţi de palpitaţii? |
| • years | • ani |
| • months | • luni |
| • days | • zile |
| • hours | • ore |
| How often do you get them? | Cât de des survin? |
| How many times | De câte ori |
| • a year? | • pe an? |
| • a months? | • pe lună? |
| • a day? | • pe zi? |
| • an hour? | • pe oră? |

## DIABETES MELLITUS / DIABETUL ZAHARAT

| | |
|---|---|
| Do you follow a diabetic diet with low refined sugar? | Urmaţi un regim sărac în zaharuri rafinate? |
| Are your teeth good? | Dinţii dumneavoastră sunt sănătoşi? |
| Have you a good appetite? | Aveţi poftă de mâncare? |
| Have your appetite increased? | V-a crescut pofta de mâncare? |
| Have your appetite decreased? | V-a scăzut pofta de mâncare? |
| Has it remained unchanged? | V-a rămas neschimbată? |
| How much do you weigh? (pound, lb) | Ce greutate aveţi? (livre) |
| (1 lb = 0,45 kg, 1 *stone* = 14 lbs) | (1 livră = 0,45 kg, 1 *stone* = 14 livre) |
| Has your weight remained constant? | Greutatea dumneavoastră a rămas neschimbată? |
| Have you lost weight? (Do your clothes feel looser?) | Aţi slăbit? (Hainele vă sunt mai largi?) |
| Have you gained weight? (Do your clothes feel tighter?) | Aţi luat în greutate? (Hainele vă sunt mai strâmte?) |
| Are you on a slimming diet? | Urmaţi un regim de slăbire? |
| Are you often thirsty? | Vă este sete des? |
| Do you drink excessive volumes of water? | Beţi cantităţi mari de apă? |

How much urine do you pass each time you go to the toilet:
- normal quantity?
- big amount?
- reduced quantity? (a few drops)

How much urine do you pass every day? (in litres)
Do you often faint?

Ce cantitate urinaţi la fiecare micţiune:
- cantitate normală?
- cantitate mare?
- cantitate redusă? (câteva picături)

Ce cantitate urinaţi zilnic? (în litri)

Vă pierdeţi des cunoştinţa?

## *Paediatrics*

How many children are there in the family?
What are their age and sex (F; M)? (write it down, please)
Did you have any
- miscarriages?
- stillbirths?

Is there a history of illness in the relatives:
- concerning yourselves?
- concerning the siblings?

## *Pediatrie*

Câţi copii sunt în familie?
Ce vârstă şi ce sex (F; M) au? (scrieţi, vă rog)
Aţi avut
- avorturi?
- copii morţi la naştere?

Sunt bolnavi printre rude:
- dumneavoastră sau soţul?
- fraţii sau surorile?

### *Pregnancy history*

Were you well during pregnancy?
Did you take any drugs during pregnancy?
- Which drugs?

Was this a full-term infant?
Was he a premature baby?
Was the delivery
- a normal vaginal delivery?
- a caesarian section?
- a forceps delivery?
- a vacuum extraction?

### *Istoricul sarcinii*

V-aţi simţit bine în timpul sarcinii?
Aţi luat vreun medicament în timpul sarcinii?
- Ce medicament?

Copilul s-a născut la termen?
Copilul s-a născut prematur?
Naşterea a fost
- normală, vaginală?
- prin cezariană?
- cu ajutorul forcepsului?
- cu ajutorul vacuumului?

### *Neonatal period*

What was the birth weight? (in pounds) (1 lb = 0,45 kg)
Were there any complications in the newborn period such as
- jaundice?
- anaemia?
- difficulty in breathing?
- apnea?

### *Perioada neonatală*

Care a fost greutatea la naştere? (în livre) (1 livră = 0,45 kg)
În perioada neonatală au existat complicaţii, de exemplu:
- icter?
- anemie?
- dificultăţi de respiraţie?
- apnee?

- fits, convulsions?
- vomiting?
- click in the hips?

- convulsii?
- vomismente?
- probleme la nivelul şoldurilor?

## *Feeding history*

How was the child fed:
- breast-fed?
  - For how long?
- bottle-fed?

Were vitamin supplements given?
At what age were solids introduced?
- weeks
- months

Is he a good eater?
Is he a poor eater?
Is he a very hungry baby?
Is he a colicky baby?
Is he a windy baby?
Are his bowel motions normal?
Was there a satisfactory weight gain in infancy?

## *Modul de hrănire*

Cum a fost hrănit copilul:
- la sân?
  - Cât timp?
- cu biberonul?

I-au fost administrate vitamine?
La ce vârstă s-au introdus alimentele solide?
- săptămâni
- luni

Copilul mănâncă bine?
Copilul mănâncă puţin?
Copilului îi este mereu foame?
Are mereu colici?
Copilul are gaze?
Scaunele lui sunt normale?
A luat în greutate normal?

## *Immunizations*

Has he been immunized? When? (date)
- BCG
- Diphtheria
- Tetanus
- Poliomyelitis
- Pertussis (whooping cough)
- Measles
- Rubella (German measles)
- Typhoid
- Smallpox
- Three în one (3 : 1) (DPT – Diphtheria-Tetanus-Pertussis)
- Two in one (2 : 1) (DT – Diphtheria-Tetanus)
- MMR: Measles-Mumps-Rubella

## *Vaccinările*

Copilul a fost vaccinat? Când? (data)
- BCG
- Difterie
- Tetanos
- Poliomielită
- Pertussis (tuse convulsivă)
- Rujeolă
- Rubeolă
- Febră tifoidă
- Variolă
- Trei în unu (3 : 1) (DTP – Difterie-Tetanos-Pertussis)
- Doi în unu (2 : 1) (DT – Difterie-Tetanos)
  - ROR: Rujeolă-Oreion-Rubeolă

## *Developmental milestones*

How old was he when
- he first smiled?

## *Dezvoltarea psiho-motorie*

Ce vârstă avea când:
- a zâmbit prima oară?

- he first held his head steady? • şi-a ţinut capul drept prima oară?
- he first turned head to sound? • a întors prima oară capul la auzul unui sunet?
- he first grasped un object? • a apucat prima oară un obiect?
- he first sat up unsupported? • a stat aşezat nesusţinut?
- he first transfered objects from one hand to another? • a trecut obiecte dintr-o mână în alta?
- he first stood with support? • a stat în picioare susţinut?
- he first crawled? • s-a târât prima oară?
- he used his first words? • a spus primele cuvinte?
- he first walked alone? • a mers singur?
- he used his first sentences? • a spus primele propoziţii?
- he first dressed himself? • s-a îmbrăcat singur prima oară?
- he first got toilet trained? • a făcut prima oară la toaletă?
  - control of bowels – controlul scaunelor
  - control of bladder – controlul micţiunilor
- got his first tooth? • i-a apărut primul dinte?

Does he sleep well? Doarme bine?
Does he wet his bed at night? Urinează noaptea în pat?

*Social history* / *Mediul social*

Does he attend school? Merge la şcoală?
- playschool • grădiniţă
- primary school • şcoala primară

Does he like school? Îi place la şcoală?
Does he get on well at school? Învaţă bine la şcoală?
Is he hyperactive? Este hiperactiv?
Are there any behavioural problems? Are probleme de comportament?
Does he have tantrums? Este coleric?
Does he mix well with other children? Se înţelege bine cu alţi copii?
Has the child been separated from his mother? Copilul a fost separat de mama lui?
- When (date)? • Când? (data)
- For how long? • Pentru cât timp?

Who usually looks after the child? Cine se ocupă în general de copil?
- parents • părinţii
- grandparents • bunicii
- others • alţii

*Childhood diseases* / *Bolile copilăriei*

Has the child had (and when?) Copilul a avut (şi când?)
- chickenpox? • varicelă?

- measles? — rujeolă?
- German measles? — rubeolă?
- scarlet fever? — scarlatină?
- wooping cough? — tuse convulsivă?
- mumps? — oreion?
- glandular fever? — mononucleoză infecţioasă?
- fits, febrile convulsions? — convulsii?
- epileptic fits? — crize de epilepsie?
- pharyngitis and sore throat? — rinofaringită?
- croup? — laringită?
- otitis? — otită?

Has he had his appendix removed? — A fost operat de apendicită?

## *Skin diseases* / *Boli de piele*

Do you have any rush? Where? (show me with your hand) — Aţi avut vreo erupţie? Unde? (arătaţi-mi cu mâna)
Does the eruption itch? — Erupţia este pruriginoasă?
Do you scratch yourself? — Vă scărpinaţi?
Do you suffer from asthma? — Suferiţi de astm?
Do you suffer from hay fever? — Suferiţi de febra fânului?
Do you suffer from an allergy? — Suferiţi de vreo alergie?

## *Haematology* / *Hematologie*

Do you easily bleed? — Sângeraţi uşor?
Do you easily bruise? — Vă învineţiţi uşor?
Do your gums bleed? — Vă sângerează gingiile?
Have you noticed any red spots in your skin? — Aţi remarcat puncte roşii pe piele?

- Where? (show me with your hand) — Unde? (arătaţi-mi cu mâna)

# Examination of the patient / Examinarea bolnavului

## *Presentation* / *Prezentarea*

I am going to examine you. / Vă voi examina.
Please get undressed. / Vă rog să vă dezbrăcaţi.
Please remove your / Vă rog să vă scoateţi
- coat. / haina.
- pull over. / puloverul.
- shirt. / cămaşa.
- trousers. / pantalonii.
- dress. / rochia.
- skirt. / fusta.
- underpants. / slipul. (la bărbaţi)
- panties. / slipul. (la femei)
- bra. / sutienul.

## *Examination of the abdomen* / *Examinarea aparatului digestiv*

Lie down on your back with your knees flexed, please. / Staţi întins pe spate cu genunchii flectaţi, vă rog.
Open your mouth. / Deschideţi gura.
- Show me your tongue. / Arătaţi-mi limba.
- I'm going to look at your throat. / Mă voi uita în gât.
- Say "ah!". / Spuneţi „a !".

I am going to examine your abdomen. / Vă voi examina abdomenul.
Relax. / Relaxaţi-vă.
Breathe in and out slowly with your mouth open. / Inspiraţi şi expiraţi uşor cu gura deschisă.
Does it hurt when I press here? / Vă doare dacă apăs aici?
Is the pain worse when / Durerea se accentuează când
- I press? / apăs?
- I let it go suddenly? / încetez brusc presiunea?

Breathe deeply. / Respiraţi adânc.
Cough. / Tuşiţi.
I'm going to examine your back pasage. / Vă voi face un tuşeu rectal.

### *Examination of the lungs*

Sit down.
I'm going to listen to your lungs.

- Say "ninety nine".
- Breathe in and out slowly with your mouth open.
- Cough.

### *Examinarea pulmonară*

Staţi jos.
Vă voi asculta la plămâni.

- Spuneţi „nouăzeci şi nouă".
- Inspiraţi şi expiraţi uşor, cu gura deschisă.
- Tuşiţi.

### *Examination of the heart*

I'm going to take your pulse : give me your hand.
I'm going to listen to your heart.
Take a deep breath in and out, and hold it.

I'm going to check your blood pressure.
What is it usually ? (write it down)
*Ex.* : 120/80
Turn your head

- to the right.
- to the left.

I'm going to look at your legs.

### *Examinarea inimii*

Vă voi lua pulsul : daţi-mi mâna.

Vă voi asculta inima.
Inspiraţi profund, apoi expiraţi şi ţineţi-vă respiraţia.
Vă voi lua tensiunea.
Cât este de obicei ? (scrieţi)
*Ex.* : 120/80
Întoarceţi capul

- spre dreapta.
- spre stânga.

Vă voi examina picioarele.

### *Gynaecological examination*

I'm going to examine your genitalia.
I'm going to practice a gynaecological examination.
Lie down on your back with your legs spread apart.
Relax.
I'm going to do a cervical smear.
I'm going to examine your breasts.
I'm going to listen to the baby's heart.

### *Examinarea ginecologică*

Vă voi examina organele genitale.
Vă voi face un examen ginecologic.

Culcaţi-vă pe spate, cu picioarele depărtate.

Relaxaţi-vă.
Vă voi lua un frotiu vaginal.
Vă voi examina sânii.
Voi asculta inima copilului.

### *Neurological examination*

Stand up.
Walk.
Turn back.

### *Examinarea neurologică*

Ridicaţi-vă.
Mergeţi.
Întoarceţi-vă.

| | |
|---|---|
| Walk | Mergeţi |
| • on your heels. | • pe călcâie. |
| • on the tip of your feet. | • pe vârfuri. |
| Stand up with your feet close together. | Staţi în picioare, cu picioarele apropiate. |
| Close your eyes. | Închideţi ochii. |
| Touch the tip of your nose with each of your forefingers alternatively. | Atingeţi-vă vârful nasului cu fiecare deget arătător, în mod alternativ. |
| Squeeze my fingers. | Strângeţi-mi degetele. |
| Do as I do. | Faceţi ca mine. |
| Keep that position. | Rămâneţi în această poziţie. |
| Do this movement, pushing against me. | Faceţi această mişcare, împingând împotriva rezistenţei mele. |
| Keep your joint fixed while I try to move it. | Menţineţi articulaţia fixă în timp ce eu încerc să o mişc. |
| Do you feel that I am touching you? | Simţiţi că vă ating? |
| Does it feel | Simţiţi atingerea |
| • sharp? | • ascuţită? |
| • blunt? | • atenuată? |
| • hot? | • caldă? |
| • cold? | • rece? |
| Is your toe moved | Degetul dumneavoastră se mişcă |
| • up? | • în sus? |
| • down? | • în jos? |
| Have you any "buzzing" sensations? | Aveţi senzaţia de „bâzâit"? |
| Follow my finger with your eyes. | Urmăriţi-mi degetul cu ochii. |
| Look straight ahead. | Uitaţi-vă drept înainte. |
| Shut your eyes as tightly as you can. | Închideţi ochii cât puteţi de tare. |
| Whistle. | Fluieraţi. |
| Blow out your cheeks. | Umflaţi obrajii. |
| Show me your teeth. | Arătaţi-mi dinţii. |
| Swallow. | Înghiţiţi. |
| Can you hear this watch ticking? | Auziţi ticăitul ceasului? |
| Can you see my finger? | Îmi vedeţi degetul? |
| I'm going to examine your eyes. | Vă voi examina ochii. |
| I'm going to perform a fundi. | Vă voi face un fund de ochi. |

## *Useful sentences for the examination* / *Expresii utile pentru examinare*

| | |
|---|---|
| Do as I do. | Faceţi ca mine. |
| Show me where you have the pain with your finger. | Arătaţi-mi cu degetul unde vă doare. |
| Do I hurt you? Am I hurting you? | Vă fac rău? |

Take your temperature (temperature is taken orally in English speaking countries).
We will perform
- an electrocardiogram.
- an X-ray.
- a chest X-ray.
- a urine test.
- a blood test.
- a lumbar puncture.

It is not serious.
You can go ; I'm going to give you a prescription.
It is a serious condition.
You need some surgery.
You must be admitted to hospital.
We will put you on a drip.
We will put you on a plaster.
We will give you
- some tablets.
- some injections.

Be sure to see your own family doctor if your symptoms remain.

Luaţi-vă temperatura (temperatura se ia oral în ţările de limbă engleză).
Vă vom face
- o electrocardiogramă.
- o radiografie.
- o radiografie pulmonară.
- un examen al urinei.
- un examen al sângelui.
- o puncţie lombară.

Nu este grav.
Puteţi pleca ; vă voi da o reţetă.
Afecţiunea este destul de serioasă.
Aveţi nevoie de operaţie.
Trebuie să vă internaţi în spital.
Vă vom pune o perfuzie.
Vă vom pune un aparat gipsat.
Vă vom da
- medicamente.
- injecţii.

Consultaţi-vă medicul de familie dacă simptomele persistă.

# Clinical examination / Examenul clinic

## *General examination* / *Examenul general*

General assessment / Evaluarea generală
- general body build / dezvoltarea generală a corpului
- pallor / paloare
- cyanosis / cianoză
- jaundice / icter
- clubbing / hipocratism digital

Vital signs / Semnele vitale
- pulse / puls
  - rate / frecvenţă
  - rhythm / ritm
  - regular / regulat
  - irregular / neregulat
  - volume / volum
- temperature / temperatură
- blood pressure (BP) / tensiunea arterială (TA)
- weight / greutate
- height / înălţime

1 foot (ft) = 0,3 metre (m) / 1 picior (ft) = 0,3 metri (m)
1 inch (in) = 2,5 centimetres (cm) / 1 inch (in) = 2,5 centimetri (cm)

## *The abdomen* / *Abdomenul*

### *Inspection* / *Inspecţia*

Shape / Aspectul
Symmetrical/Asymmetrical / Simetria/Asimetria
Scars / Cicatrice
Striae / Vergeturi
Distended veins / Distensie venoasă

| | |
|---|---|
| Swellings | Umflături |
| Movements of the abdominal wall | Mişcările peretelui abdominal (mobilitatea respiratorie) |

## *Palpation* / *Palparea*

| | |
|---|---|
| Light palpation | Palpare superficială |
| Deep palpation | Palpare profundă |
| Tenderness | Sensibilitate |
| Rebound tenderness | Sensibilitate la decompresiune |
| Guarding | Apărare |

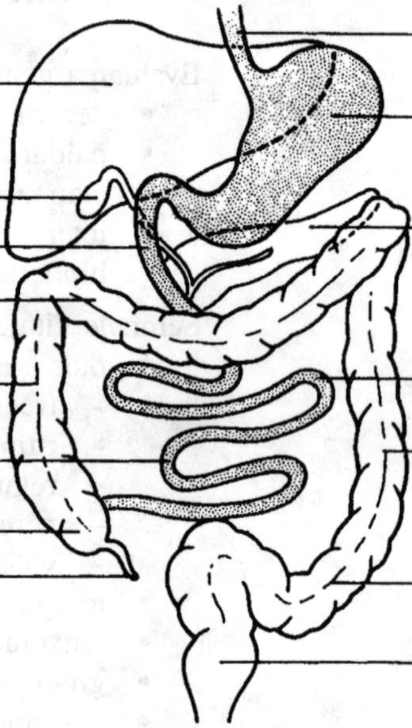


| | |
|---|---|
| Rigidity | Contractură |
| Board-like rigidity | Rigiditate „de tablă” |
| Palpation of the normal viscera | Palparea organelor |

- liver : hepatomegaly / ficat : hepatomegalie
  - lower edge : / rebordul inferior :
    - straight / regulat
    - irregular / neregulat
    - sharp / ascuţit
    - thick / gros
- gall bladder / vezica biliară
- spleen : splenomegaly / splină : splenomegalie

- kidneys (an enlarged kidney can be ballotted)

Palpation for the hernial orifices
Palpation for masses

- site
- size
- shape
- consistency
- outlines (surface, edge)
- mobility or fixity
- tenderness

### *Percussion*

Dullness
Tympanitic
Fluid thrill
Shifting dullness

### *Auscultation*

Bowel sounds
Bruit

### *Rectal examination (PR)*

Fistula in ano
Anal fissure
Piles
Prolapse

## ***Lungs***

### *Inspection*

Cyanosis
Shape of the chest

- kyphosis
- scoliosis
- barrel-shaped chest
- rickety rosary – Harrison's sulcus

Movements of the chest

- rate
- tachypnoea
- intercostal recession

- rinichi (un rinichi mărit poate fi palpat)

Palparea orificiilor de hernie
Palparea formaţiunilor tumorale

- localizare
- mărime
- formă
- consistenţă
- contururi (suprafaţă, margini)
- mobilitate sau fixitate
- sensibilitate

### *Percuţia*

Matitate
Sonoritate
Semn de acumulare de lichid
Matitate declivă

### *Auscultaţia*

Zgomote intestinale
Suflu

### *Tuşeul rectal*

Fistulă anală
Fisură anală
Hemoroizi
Prolaps

## ***Plămânii***

### *Inspecţia*

Cianoză
Conformaţia toracelui

- cifoză
- scolioză
- torace în carenă (butoi)
- mătănii costale

Mişcări respiratorii

- frecvenţă
- tahipnee
- recesiuni intercostale

## *Palpation*

Trachea
Chest expansion
Apex beat
Mediastinal shifts
Tactile vocal fremitus ("99")
- normal
- increased (consolidation or large cavity)
- diminished or absent (pleural effusion or pneumothorax)

## *Palparea*

Traheea
Expansiunea toracică
Poziţia apexului
Deviaţia mediastinului
Vibraţii vocale („99")
- normale
- crescute (condensare sau cavitate pulmonară)
- diminuate sau absente (revărsat pleural sau pneumotorax)

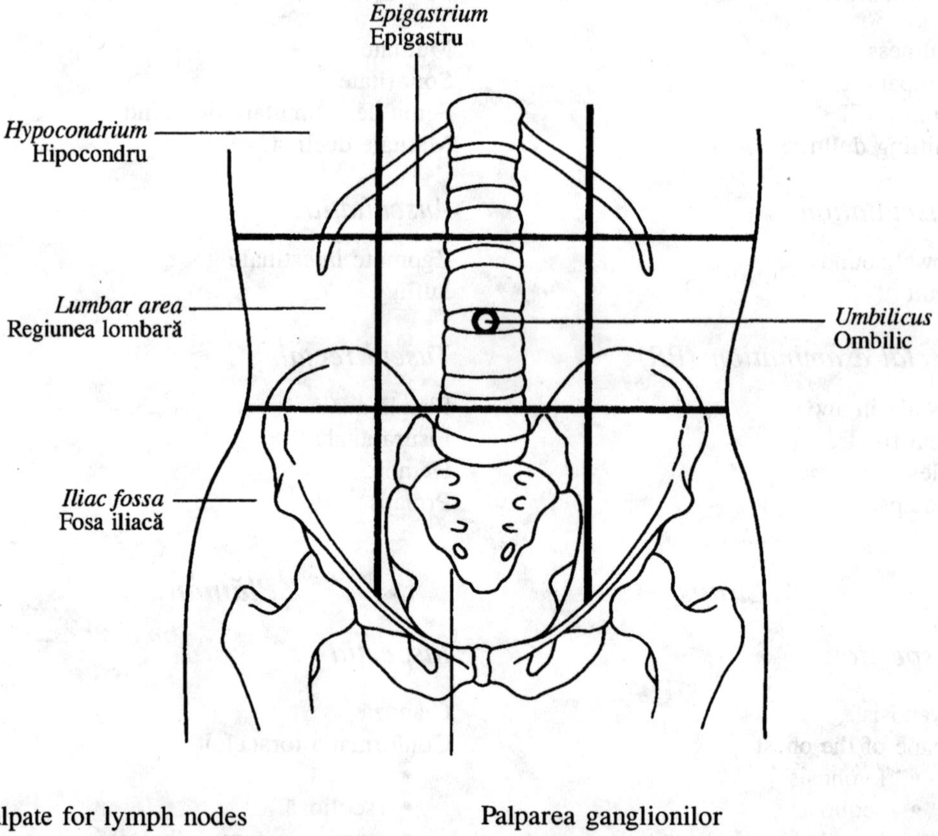


Palpate for lymph nodes
- axillary
- supraclavicular
- cervical lymph nodes

Palparea ganglionilor
- axilari
- supraclaviculari
- cervicali

## *Percussion*

Normal degree of resonance
Increased resonance
- hyper-resonant
- tympanitic resonance (emphysema – pneumothorax)

Diminished resonance
- dullness (consolidation, collapse)

Abolished resonance
- stony dullness (pleural effusion haemothorax – empyema)

## *Percuţia*

Sonoritate normală
Sonoritate crescută
- hipersonoritate
- rezonanţă timpanică (emfizem – pneumotorax)

Sonoritate diminuată
- submatitate (condensare, atelectazie)

Sonoritate abolită
- matitate (revărsat pleural hemotorax – empiem)

## *Auscultation*

Vesicular breathing
Bronchial breathing
- high-pitched : tubular
- low-pitched : amphoric
- bronchovesicular

Added sounds
- rhonchi
  - high-pitched rhonchi or sibilant
  - low-pitched rhonchi or sonorous
- moist sounds or crepitations
  - fine crepitations
  - coarse crepitations or rates or bubbling noises

Pleural rub
Character of the vocal resonance
- vocal resonance of normal intensity
- resonance is increased
  - bronchophony
- resonance is diminished
- aegophony

## *Auscultaţia*

Murmur vezicular
Suflu
- tubular
- amforic
- pleuretic

Raluri
- sibilante şi ronflante
  - sibilante
  - ronflante
- crepitante şi subcrepitante
  - crepitante
  - subcrepitante

Frecătura pleurală
Caracteristicile rezonanţei vocale
- rezonanţă vocală de intensitate normală
- rezonanţă crescută
  - bronhofonie
- rezonanţă diminuată
- egofonie

## *Cardiovascular system*

### VASCULAR EXAMINATION

### *Arterial pulse*

Radial pulse

Rate (beats/minute)
Rhythm
- regular
- irregular
- irregularly irregular : atrial fibrillation

Volume
- thready
- strong

## *Sistemul cardiovascular*

### EXAMENUL VASCULAR

### *Pulsul arterial*

Pulsul la radială

Frecvenţă (bătăi/minut)
Ritm
- regulat
- neregulat
- neregulat şi inegal : fibrilaţie atrială

Amplitudine
- filant
- puternic

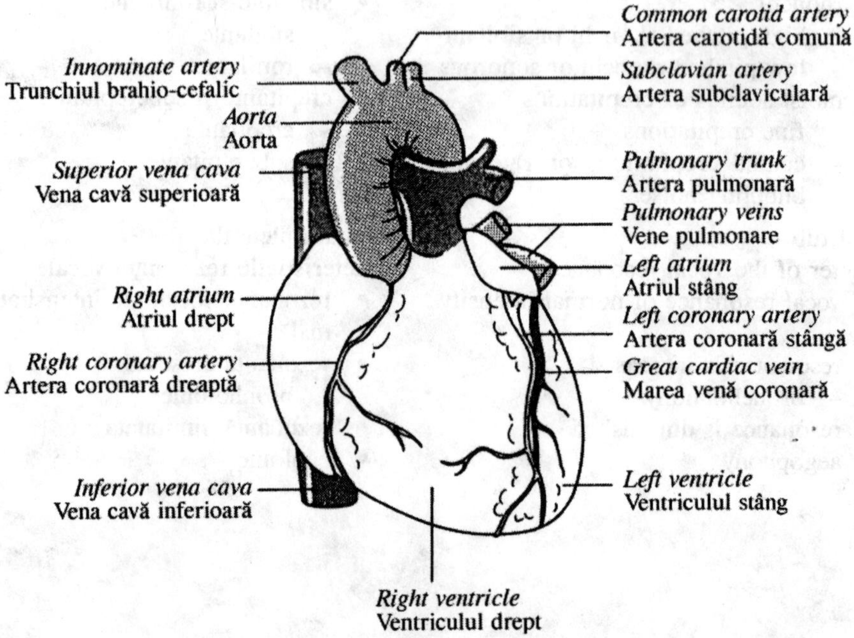

| Other pulses | Alte pulsuri |
| --- | --- |
| Carotid artery pulse | Puls la carotidă |
| Femoral pulse | Puls la femurală |
| Popliteal pulse | Puls la poplitee |
| Dorsalis pedis pulse | Puls la pedioasă |
| Posterior tibial pulse | Puls la tibiala posterioară |

| *Blood pressure* | *Tensiunea arterială* |
| --- | --- |
| Right arm | Braţul drept |
| Left arm | Braţul stâng |
| *Ex.* : 120 mm Hg/80 (*pronounced*: 120 over 80) | *Ex.* : 120 mm Hg/80 |

| *Jugular venous pressure* | *Refluxul hepatojugular* |
| --- | --- |
| If the jugular venous pressure is raised and pulsatile, it's a sign of right heart failure for the English doctors. | Pentru doctorii din Anglia, dacă venele jugulare apar turgescente şi pulsatile, acesta este un semn de insuficienţă cardiacă dreaptă. |
| Raised JVP is written as : JVP$^{+}$. | Refluxul hepatojugular prezent se scrie : JVP$^{+}$. |
| No raised JVP is written as : JVP$^{\circ}$. | Refluxul hepatojugular absent se scrie : JVP$^{\circ}$. |

## EXAMINATION OF THE HEART / EXAMENUL CARDIAC

| *Inspection* | *Inspecţia* |
| --- | --- |
| Dyspnoea | Dispnee |
| Visible apex beat | Bătăi vizibile la nivelul apexului |
| Deformity of the chest wall | Deformări toracice |
| Distended veins | Distensie venoasă |

| *Palpation* | *Palparea* |
| --- | --- |
| Apex beat (5th intercostal space) | Bătăi la nivelul apexului (spaţiul 5 intercostal) |
| Strength of the cardiac impulse | Puterea impulsului cardiac |
| Thrill | Freamătul |

| *Percussion* | *Percuţia* |
| --- | --- |
| Cardiac dullness | Matitate cardiacă |

| | |
|---|---|
| *Auscultation (Lub-Dub)* | *Auscultaţia (Tic-Tac)* |
| Area | Zona |
| Aortic area | Zona aortică |
| Mitral area | Zona mitrală |
| Pulmonary area | Zona pulmonară |
| Tricuspid area | Zona tricuspidă |
| Heart sounds | Zgomotele cardiace |
| First heart sound : HS I or S I | Prima bătaie cardiacă : HS I sau S I |
| Second heart sound : HS II or S II | A doua bătaie cardiacă : HS II sau S II |
| Splitting | Dedublări |
| Opening snap | Cracmete de deschidere |
| Triple rhytm | Ritm în trei timpi |
| Murmurs | Suflul |
| Time of occurrence | Momentul apariţiei |
| • systolic murmur | • suflu sistolic |
| • pansystolic murmur | • suflu pansistolic |
| • diastolic murmur | • suflu diastolic |
| Point of maximum intensity | Punctul de maximă intensitate |
| Direction of selective propagation | Iradiere |
| Character of murmur | Caracterul suflului |
| • ejection | • de ejecţie |
| • rough | • aspru |
| • soft | • uşor |
| • blowing | • fluierat |
| Behaviour during respiration | Evoluţia în timpul respiraţiei |
| *Common form of valvular disease* | *Patologii vasculare frecvente* |
| Mitral incompetence | Insuficienţă mitrală |
| Mitral stenosis | Stenoză mitrală |
| Aortic incompetence | Insuficienţă aortică |
| Aortic stenosis | Stenoză aortică |
| Patent ductus arteriosus | Persistenţa canalului arterial |
| Atrial septal defect | Defect septal atrial |
| Ventricular septal defect | Defect septal ventricular |
| Fallot's tetralogy | Tetralogia Fallot |
| Coarctation of the aorta | Coarctaţia de aortă |
| Pericardial friction rubs | Frecătură pericardică |

## *Genitalia* / *Aparatul genital*

### THE FEMALE GENITALIA / APARATUL GENITAL FEMININ

*Inspection* / *Inspecţia*

Labia majora / Labiile mari
Labia minora / Labiile mici
Clitoris / Clitorisul

*Palpation* / *Palparea*

Vaginal examination / Tuşeu vaginal
- vagina / vagin
- uterus / uter
- adnexa / anexe
- ovaries (cyst) / ovare (chist)
- pouch of Douglas / fundul de sac Douglas

*Speculum examination* / *Examinarea cu speculum*

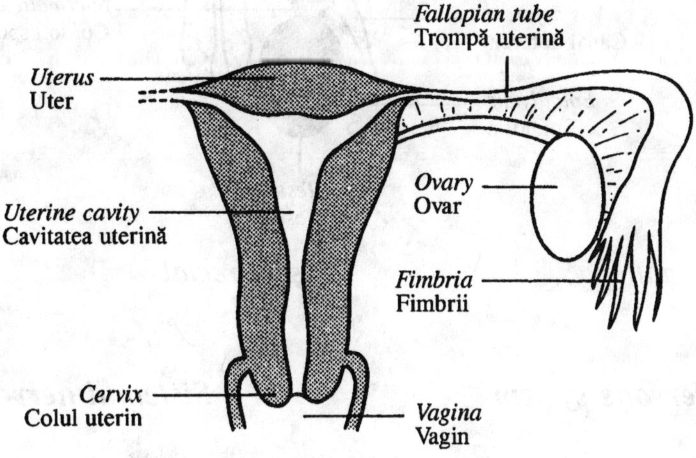

THE MALE GENITALIA — APARATUL GENITAL MASCULIN

*Inspection* — *Inspecţia*

*Palpation* — *Palparea*

Penis — Penis
Testis — Testicule
Epididymis — Epididim
Spermatic cord — Cordon spermatic

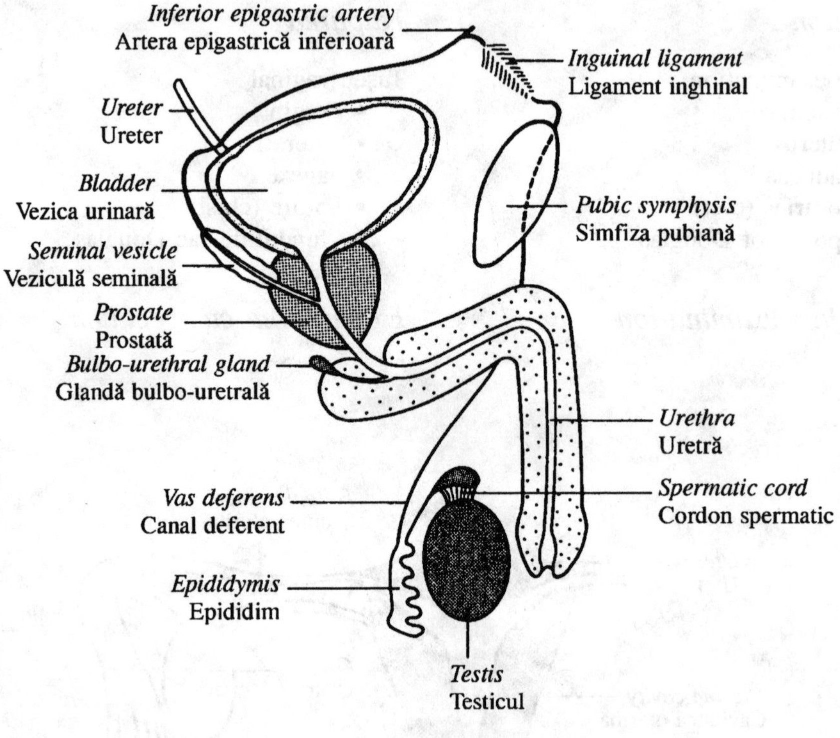


*Rectal examination* — *Tuşeul rectal*

## Nervous system — Sistemul nervos

*Mental state* — *Statusul mental*

Dysarthria — Disartrie
Aphasia — Afazie
Memory — Memorie

## *Cranial nerves*

I Olfactory nerve
II Ophthalmic nerve
- visual acuity
- visual fields
- colour vision

III Oculomotor nerve
- ptosis
- dilated pupil
- fixed dilated pupil
- accommodation

IV Trochlear nerve
- diplopia
- squint – strabismus

V Trigeminal nerve
- sensory to the face
- motor fibres : mastication

VI Abducent nerve
VII Facial nerve
- facial expression
- Bell's phenomenon

VIII Auditory nerve
- hearing
- deafness
- tinnitus

IX Glossopharyngeal nerve
X Vagus nerve
XI Spinal accessory nerve
XII Hypoglossal nerve

## *Nervii cranieni*

I Nervul olfactiv
II Nervul optic
- acuitatea vizuală
- câmpul vizual
- vederea colorată

III Nervul oculomotor
- ptoză
- midriază
- midriază areactivă
- acomodarea

IV Nervul trohlear
- diplopie
- strabism

V Nervul trigemen
- sensibilitatea facială
- fibrele motorii : masticaţia

VI Nervul abducens
VII Nervul facial
- expresia facială
- semnul Charles Bell

VIII Nervul auditiv
- auz
- surditate
- acufene

IX Nervul glosofaringian
X Nervul vag
XI Nervul spinal
XII Nervul hipoglos

## *Motor nerve function*

Normal strength of muscles
Loss of muscle function
- paralysis
- hemiplegia
- quadriplegia

Bulk of muscles
- wasting
- contracture
- muscular atrophy
- muscular dystrophy

## *Motricitatea*

Forţă musculară normală
Pierderea funcţiei musculare
- paralizie
- hemiplegie
- cvadriplegie

Masa musculară
- amiotrofie
- contractură
- atrofie
- distrofie

| | |
|---|---|
| *Tone of muscles* | *Tonusul muscular* |
| Hypertonia | Hipertonie |
| Hypotonia | Hipotonie |
| *Reflexes* | *Reflexele* |
| Tendon reflexes | Reflexe tendinoase |
| Knee jerk | Reflexul rotulian |
| Ankle jerk | Reflexul ahilean |
| Triceps jerk | Reflexul tricipital |
| Biceps jerk | Reflexul bicipital |
| Clonus | Clonus |
| Plantar reflex | Reflexul plantar |
| • Babinski's sign | • Semnul lui Babinski |
| *Coordination of movement* | *Coordonarea* |
| *Sensation* | *Sensibilitatea* |
| Light touch | Sensibilitatea superficială epicritică |
| Pain | Sensibilitatea dureroasă |
| Temperature | Sensibilitatea termică |
| Deep touch | Sensibilitatea profundă |
| • position sens | • orientarea degetelor |
| • vibration sense | • sensibilitatea vibratorie |
| *Neck stiffness* | *Redoarea cefei* |
| *Straight leg raising* | *Semnul Lasèque* |

# Complementary examination / Examene paraclinice

| | |
|---|---|
| ***Gastrointestinal tract investigations*** | ***Explorări ale aparatului digestiv*** |
| ALIMENTARY TRACT | TUBUL DIGESTIV |
| *Examination of the faeces* | *Examenul materiilor fecale* |
| Microscopic examination | Examenul microscopic |
| • pus cells | • puroi |
| • red blood cells | • hematii |
| • ova/parasites | • ouă/paraziţi |
| • culture | • coprocultură |
| Chemical examination | Examenul chimic |
| • occult blood in the faeces | • sânge ocult în fecale (melenă) |
| • faecal fats | • prezenţa grăsimilor în fecale |
| *Radiology* | *Examenul radiologic* |
| Plain radiographs of the abdomen | Radiografia simplă abdominală |
| • erect | • în picioare |
| • supine | • culcat |
| Barium meal | Tranzit baritat |
| Barium enema | Lavaj baritat |
| Angiography | Angiografie |
| *Endoscopic examination* | *Examenul endoscopic* |
| Gastroscopy | Fibroscopie gastrică |
| Proctoscopy | Rectoscopie |
| Sigmoidoscopy | Sigmoidoscopie |
| Colonoscopy | Colonoscopie |
| *Biopsy* | *Biopsia* |

| LIVER | FICAT |
|---|---|
| *Liver function tests* | *Explorări funcţionale hepatice* |
| Total bilirubin | Bilirubină totală |
| Direct bilirubin | Bilirubină directă |
| Alkaline phosphatase | Fosfatază alcalină |
| Gamma GT | Gama GT |
| Serum protein | Proteine serice |
| • albumin | • albumină |
| • globulin | • globulină |
| Serum aminotransferase | Transaminaze serice |
| • AST | • TGO |
| • ALT | • TGP |
| Serum cholesterol | Colesterol seric |
| Prothrombin time | Timpul de protrombină |
| Serum iron | Fier seric |
| *Others* | *Altele* |
| Biology | Examene biologice |
| • Alpha fetoprotein | • Alfa fetoproteină |
| • Hepatitis B surface antigen | • Antigenul HBS |
| Isotope scan | Scintigrafie |
| Ultrasound scan | Ecografie |
| CAT scanning | Tomografie computerizată axială |
| Needle biopsy of liver | Puncţia-biopsie hepatică |

| GALL BLADDER AND BILE DUCTS | VEZICA ŞI CĂILE BILIARE |
|---|---|
| *Radiological examination* | *Examenul radiologic* |
| Oral cholecystography | Colecistografie orală |
| Intravenous cholangiography | Colangiografie intravenoasă |
| Percutaneous transhepatic cholangiography | Colangiografie transhepatică |
| Endoscopic retrograde cholangiopancreatography (ERCP) | Colangiografie endoscopică retrogradă |

| PANCREAS | PANCREAS |
|---|---|
| *Biology* | *Examene biologice* |
| Serum amylase | Amilază serică |
| Serum lipase | Lipază serică |
| Glucose tolerance test | Testul de toleranţă la glucoză |

### *Others*

Radiological examination
ERCP
Ultrasound scan
CAT scanning

### *Altele*

Examen radiologic
Colangiografie endoscopică retrogradă
Ecografie
Tomografie computerizată axială

## *Respiratory system investigations*

## *Explorări ale aparatului respirator*

### *Examination of the sputum*

Direct examination
- Gram stain

Culture and sensitivity
Examination for AAFB
Cytology
- examination for malignant cells

### *Examenul sputei*

Examenul direct
- colorația Gram

Cultura și antibiograma
Depistarea bacilului Koch
Citologie
- examinarea celulelor neoplazice

### *Blood tests*

Full blood count and differential
Blood cultures

### *Teste sangvine*

Numărătoarea – formula sangvină
Hemocultură

### *Examination of the pleura*

Pleural aspiration
- biochemistry of the pleural fluid
  - transudate
  - exudate

Pleural biopsy

### *Examenul pleural*

Puncție pleurală
- biochimia lichidului pleural
  - transsudat
  - exsudat

Biopsie pleurală

### *Intradermal tests*

Tuberculin test/Heaf test
Kweim test
Skin sensitivity tests

### *Teste intradermice*

Intradermoreacție la tuberculină
Testul Kweim
Teste de alergie cutanată

### *Lung function tests*

Spirometry
- vital capacity
- forced expiratory volume at one second

### *Explorări funcționale pulmonare*

Spirometrie
- capacitatea vitală
- volumul expirator maxim pe secundă

| | |
|---|---|
| The blood gases | Măsurarea gazelor din sânge |
| • $pO_2$ | • $pO_2$ |
| • $pCO_2$ | • $pCO_2$ |
| • pH | • pH |
| • $HCO_3$ | • $HCO_3$ |
| *Radiology* | *Examenul radiologic* |
| Chest X-ray | Radiografie pulmonară |
| • posterior-anterior view | • antero-posterioară |
| • lateral views | • laterală |
| Tomography | Tomografie |
| Pulmonary angiography | Angiografie pulmonară |
| Bronchography | Bronhografie |
| *Radionucleide lung scanning* | *Scintigrafia pulmonară* |
| Lung ventilation scan | Scintigrafie de ventilaţie |
| Lung perfusion scan | Scintigrafie de perfuzie |
| *Others* | *Altele* |
| CAT Scan | Tomografie computerizată axială |
| Bronchoscopy | Bronhoscopie |
| Biopsy | Biopsie |
| Bronchoalveolar lavage | Lavaj bronho-alveolar |

## Cardiovascular system investigations / Explorări ale sistemului cardiovascular

| | |
|---|---|
| *Electrocardiogram (ECG)* | *Electrocardiograma (ECG)* |
| Resting ECG | ECG de repaus |
| Stress ECG | ECG de efort |
| Holter monitoring | Monitorizarea Holter |
| *Cardiac enzymes* | *Enzimele cardiace* |
| CPK | CPK |
| CPK MB | CPK MB |
| LDH | LDH |
| HBDH | HBDH |
| AST | TGO |

| *Others* | *Altele* |
| --- | --- |
| Radiology | Examenul radiologic |
| • chest X-ray | • radiografie pulmonară |
| Echocardiography | Ecocardiografie |
| Doppler cardiography | Test Doppler |
| Radionucleide studies | Scintigrafie cardiacă |
| Coronary arteriography | Coronarografie |
| Phonocardiography | Fonocardiogramă |

## Urinary system investigations / Explorări ale aparatului urinar

| *Urine test* | *Examenul urinei* |
| --- | --- |
| Chemical examination | Examenul chimic |
| • pH | • pH |
| • proteinuria | • proteinurie |
| • glycosuria | • glucozurie |
| • ketonuria | • cetonurie |
| Microscopical examination | Examenul sedimentului urinar |
| Mid-stream urine (MSU) | Examenul citobacteriologic al urinei |
| • casts | • cilindri |
| • crystals | • cristale |
| • epithelial cells | • celule epiteliale |
| • erythrocytes | • eritrocite |
| • leucocytes | • leucocite |
| • pus cells | • piurie |
| • bacterial count, bacteriuria | • numărarea bacteriilor, bacteriurie |

| *Blood test* | *Examenul sângelui* |
| --- | --- |
| Blood urea | Uree sangvină |
| Creatinine | Creatinină |
| Electrolytes | Electroliţi |
| • sodium | • sodiu |
| • potassium | • potasiu |
| • calcium | • calciu |

| *Others* | *Altele* |
| --- | --- |
| Creatinine clearance | Clearance-ul creatininei |
| Radiology | Examenul radiologic |
| • plain film of the abdomen | • radiografie simplă abdominală |

| | |
|---|---|
| • excretion urography | • urografie intravenoasă |
| • micturating cystography | • cistografie |
| Cystoscopy | Cistoscopie |
| Ultrasonography | Ecografie |
| CAT Scan | Tomografie computerizată axială |
| Renal biopsy | Biopsie renală |

## *Gynaecological investigations* / *Explorări ale aparatului genital*

| | |
|---|---|
| Pregnancy test | Test de sarcină |
| Ultrasound scan | Ecografie |
| Cervical smears | Frotiu cervico-vaginal |
| Dilatation and curettage | Chiuretaj |
| Hystero-salpingography | Histerosalpingografie |
| Laparoscopy | Celioscopie |
| Biopsy of the cervix | Biopsia colului |

## *Neurological investigations* / *Explorări ale sistemului nervos*

| | |
|---|---|
| *Fundi* | *Fundul de ochi* |
| *Lumbar puncture* | *Puncţia lombară* |
| Examination of the cerebrospinal fluid (CSF) | Examinarea lichidului cefalorahidian (LCR) |
| • appearance | • aspect |
| • cell count | • citologie |
| • protein | • proteine |
| • glucose | • glucoză |
| • bacteriology | • bacteriologie |
| • serology | • serologie |
| *Neuroradiology* | *Neuroradiologie* |
| Skull X-ray | Radiografie craniană |
| Radiographs of the spine | Radiografie rahidiană |
| Myelography | Mielografie |
| Cerebral angiography | Angiografie cerebrală |
| Radionucleide cerebral scanning | Scintigrafie cerebrală |
| CT scanning | Tomografie computerizată axială |
| Magnetic resonance imaging | Rezonanţă magnetică nucleară |
| *Others* | *Altele* |
| Electroencephalogram (EEG) | Electroencefalogramă (EEG) |

Electromyogram (EMG)
Evoked potentials recording

## Locomotor system investigations

### Examination of the blood

Full blood count
Erythrocyte sedimentation rate (ESR)
Serum uric acid
Alkaline phosphatase
Acid phosphatase
Rheumatoid factor test
Antinuclear factor test
Antistreptolysin-O test

### Radiological examination

Arthrogram
Radionucleide bone scanning

### Others

Synovial fluid examination
Arthroscopy
Bone biopsy

## Endocrine investigations

### Plasma levels

Glucose
$T_3$
$T_4$
TSH
LH
FSH
TSH
GH
PRL
ACTH
Cortisol

Electromiogramă (EMG)
Înregistrarea potenţialelor evocate

## Explorări ale aparatului locomotor

### Examene sangvine

Formula sangvină
Viteza de sedimentare a hematiilor (VSH)
Acid uric seric
Fosfatază alcalină
Fosfatază acidă
Factor reumatoid
Factor antinuclear
Antistreptolizină O

### Examenul radiologic

Artrogramă
Scintigrafie osoasă

### Altele

Examenul lichidului sinovial
Artroscopie
Biopsie osoasă

## Explorări endocrine

### Dozaje plasmatice

Glucoză
$T_3$
$T_4$
TSH
LH
FSH
TSH
GH
PRL
ACTH
Cortizol

| | |
|---|---|
| ***Haematological investigations*** | ***Explorări hematologice*** |
| *Full blood count (FBC)* | *Formula sangvină* |
| Haemoglobin (Hb) | Hemoglobină |
| Red blood cells (RBC) | Eritrocite |
| Haematocrit (Hct) | Hematocrit |
| Mean corpuscular volume (MCV) | Volumul mediu eritrocitar |
| Mean corpuscular haemoglobin concentration (MCHC) | Concentraţia medie de corpusculi în hemoglobină |
| Mean corpuscular haemoglobin (MCH) | Valoarea medie a corpusculilor în hemoglobină |
| Reticulocytes | Reticulocite |
| White blood cells (WBC) | Leucocite |
| Differential | Formula leucocitară |
| • neutrophils | • neutrofile |
| • eosinophils | • eozinofile |
| • basophilis | • bazofile |
| • lymphocytes | • limfocite |
| • monocytes | • monocite |
| Platelets | Plachete sangvine |
| *Others* | *Altele* |
| Erythrocyte sedimentation rate (ESR) | Viteza de sedimentare a hematiilor (VSH) |
| Serum iron | Fier seric |
| Total iron binding capacity (TIBC) | Capacitatea totală de fixare a fierului |
| Ferritin | Feritină |
| Serum B12 | Vitamina B12 serică |
| Folate | Acid folic |
| Coagulation | Coagularea |
| • prothrombin time (PT) | • timpul de protrombină |
| • partial thromboplastin time (PTT) | • timpul de tromboplastină |
| • fibrinogen | • fibrinogen |
| • fibrin degradation products (FDP) | • produşii de degradare a fibrinogenului |
| • INR (international normalized ratio) | • INR |
| Bone marrow aspiration | Mielogramă |

# Clinical chart - Foaia de observaţie

## *Administrative records*

Name
Age
Date of birth
Marital status
- married
- single

Address
Occupation

## *Fişa administrativă*

Numele
Vârsta
Data naşterii
Starea civilă
- căsătorit
- necăsătorit

Adresa
Profesia

## *Medical records*

Present complaint
History of present complaint
Past medical history
Systemic direct questions
Examination
Investigations
Diagnosis
Treatment

## *Observaţii medicale*

Motivele prezentării
Istoricul bolii
Antecedente
Semne funcţionale
Examenul clinic
Explorări
Diagnostic
Tratament

# Symptoms, syndromes and diseases – Simptome, sindroame şi boli

| ***English-Romanian Vocabulary*** | ***Vocabular englez-român*** |
|---|---|
| *Popular expressions are indicated with an asterisk (*).* | Expresiile populare sunt marcate cu asterisc (*). |
| *acne* | acnee |
| *AIDS* | SIDA |
| *allergy* | alergie |
| *anaemia* | anemie |
| *angina* | angină pectorală |
| *ankylosing spondylitis* | spondilită anchilozantă |
| *appendicitis* | apendicită |
| *asthma* | astm |
| *atrial fibrillation* | fibrilaţie atrială |
| *back pain** | lumbago, dureri de spate* |
| *bedsore* | escare |
| *boil* | furuncul |
| *bronchiectasis* | bronşiectazie (dilatarea bronhiilor) |
| *bronchitis* | bronşită |
| *burn* | arsură |
| *cancer* | cancer |
| *cardiac arrest* | stop cardiac |
| *chickenpox* | varicelă |
| *cirrhosis* | ciroză |
| *cold** | răceală* |
| *colitis* | colită |
| *coma* | comă |
| *constipation* | constipaţie |
| *convulsion, fit, seizure* | convulsie, criză convulsivă |
| *coryza, cold*, cold in the head** | coriză* |
| *cramp* | crampe |
| *cut* | tăietură |
| *cyst* | chist |
| *dandruff* | mătreaţă |

| | |
|---|---|
| *deep venous thrombosis* | tromboză venoasă profundă (flebită) |
| *dehydration* | deshidratare |
| *delirium* | delir |
| *delirium tremens* | delirium tremens |
| *depression, to have a nervous break-down** | depresie, a avea o cădere nervoasă* |
| *diabetes mellitus, diabetes** | diabet |
| *diarrhoea* | diaree |
| *dislocation* | luxaţie |
| *Down's syndrome* | sindrom Down, trisomie 21, mongolism* |
| *dysmenorrhaea, painful periods** | dismenoree, menstruaţie dureroasă* |
| *eczema* | eczemă |
| *enlargement of the prostate gland* | adenom de prostată |
| *enuresis, bed wetting** | enurezis, a urina în pat* |
| *epiglottitis* | epiglotită |
| *epilepsy* | epilepsie |
| *eye infection, sticky eye** | conjunctivită |
| *fatigue* | astenie |
| *fever, temperature* | febră, temperatură |
| *fibroma* | fibrom uterin |
| *fissure in ano* | fisură anală |
| *fistula in ano* | fistulă anală |
| *fracture, broken bone** | fractură, os rupt* |
| *funny turn** | criză* |
| *gallstone colic* | colică biliară |
| *gangrene* | gangrenă |
| *gastritis, tummy bug** | gastrită |
| *glaucoma* | glaucom |
| *glue ear** | otită seroasă |
| *gout* | gută |
| *haemorrhage, bleeding** | hemoragie, sângerare* |
| *hair loss* | alopecie, chelie* |
| *hay fever* | febra fânului |
| *head cold** | răceală la gât* |
| *headache, sore head** | cefalee, durere de cap* |
| *hernia* | hernie |
| *herpes simplex* | herpes |
| *herpes zoster, shingles** | zona zoster |
| *hiatus hernia* | hernie hiatală |
| *high blood pressure* | hipertensiune arterială |
| *hyperthyroidism* | hipertiroidie |
| *hysterical hyperventilation* | spasmofilie |
| *impetigo* | impetigo |
| *induced abortion* | avort provocat |
| *infectious mononucleosis, glandular fever** | mononucleoză infecţioasă |
| *infertility* | sterilitate |
| *influenza, flu** | gripă |

| | |
|---|---|
| *insect bites* | înţepături de insecte |
| *irritable bowel syndrome* | sindromul de colon iritabil |
| *kidney infection** | infecţie urinară |
| *leukaemia* | leucemie |
| *lice* | păduchi |
| *low blood pressure* | hipotensiune arterială |
| *malaria* | malarie |
| *measles* | rujeolă |
| *meningitis* | meningită |
| *menopause* | menopauză |
| *migraine* | migrenă |
| *multiple sclerosis* | scleroză în plăci |
| *mumps* | oreion |
| *mycosis* | micoză |
| *myeloma* | mielom |
| *myocardial infarction, heart attack** | infarct miocardic, criză de inimă* |
| *nappy rash* | eritem fesier |
| *neuralgia* | nevralgie |
| *neurosis* | nevroză |
| *obesity* | obezitate |
| *oesophagitis* | esofagită |
| *orchitis* | orhită |
| *osteoarthritis, arthritis** | artrită |
| *osteoporosis* | osteoporoză |
| *otitis, ear infection*, sore ear** | otită, infecţia urechii* |
| *Paget's disease* | boala Paget |
| *palsy, paralysis* | paralizie |
| *pancreatitis* | pancreatită |
| *Parkinson's disease* | boala Parkinson |
| *peptic ulcer* | ulcer gastroduodenal |
| *pericarditis* | pericardită |
| *piles* | hemoroizi |
| *pleurisy* | pleurezie |
| *pneumonia* | pneumonie |
| *pneumothorax* | pneumotorax |
| *polyp* | polip |
| *pregnancy* | sarcină |
| *premenstrual syndrome* | sindrom premenstrual |
| *pruritus* | prurit |
| *psoriasis* | psoriazis |
| *psychosis* | psihoză |
| *pulmonary embolism* | embolie pulmonară |
| *pulmonary oedema* | edem pulmonar |
| *pyelonephritis* | pielonefrită |
| *rabies* | rabie |
| *red eye* | ochi înroşiţi |

| | |
|---|---|
| *respiratory failure* | insuficienţă respiratorie |
| *retinal detachment* | desprindere de retină |
| *rheumatic fever* | reumatism articular acut |
| *rheumatoid arthritis* | poliartrită reumatoidă |
| *rhinitis, runny nose** | rinită, nas care curge* |
| *rubella, German measles** | rubeolă |
| *salpingitis* | salpingită |
| *scabies* | scabie |
| *scarlet fever* | scarlatină |
| *schizophrenia* | schizofrenie |
| *sciatica* | sciatică |
| *sinusitis* | sinuzită |
| *sore throat*, throat infection** | angină, durere în gât*, infecţie în gât* |
| *spot*, pimple** | coş* |
| *sprain* | entorsă |
| *strabismus, squint, to be cross-eyed** | strabism, a avea ochii încrucişaţi* |
| *stroke** | accident vascular cerebral, atac cerebral* |
| *sty* | orjelet, urcior* |
| *sunburn* | arsură solară |
| *syncope, blackout** | sincopă, pierderea cunoştinţei |
| *syphilis* | sifilis |
| *tachycardia* | tahicardie |
| *tapeworm* | tenie |
| *tetanus* | tetanos |
| *tetany* | tetanie |
| *threadworms* | oxiuri |
| *thrush* | muguet |
| *tonsillitis* | amigdalită |
| *torsion of testis* | torsiunea testiculelor |
| *tuberculosis* | tuberculoză |
| *ulcerative colitis* | rectocolită hemoragică |
| *upper respiratory tract infection* | infecţia traiectului respirator superior |
| *ureteric (renal) colic* | colică renală |
| *urinary tract infection, kidney infection** | infecţie urinară, infecţie la rinichi* |
| *urine incontinence* | incontinenţă urinară |
| *urticaria* | urticarie |
| *varicose veins* | vene varicoase |
| *venereal disease* | boală venerică |
| *venereal warts* | vegetaţii venerice |
| *venous ulcer* | ulcer varicos |
| *vertigo* | vertij |
| *viral hepatitis* | hepatită virală |
| *vulvovaginitis* | vulvovaginită |
| *wart* | verucă, neg* |
| *wax in the ears** | dopuri (de ceară) în urechi* |
| *whitlow* | panariţiu |
| *whooping cough, pertussis* | tuse convulsivă |

## *Romanian-English Vocabulary* / *Vocabular român-englez*

*Popular expressions are indicated with an asterisc (*).*

Expresiile populare au fost marcate cu asterisc (*).

| | |
|---|---|
| accident vascular cerebral, atac cerebral* | *stroke** |
| acnee | *acne* |
| adenom de prostată | *enlargement of the prostate gland* |
| alergie | *allergy* |
| alopecie, chelie* | *hair loss* |
| amigdalită | *tonsillitis* |
| anemie | *anaemia* |
| angină pectorală | *angina* |
| angină, durere în gât*, infecţie în gât* | *sore throat*, throat infection** |
| apendicită | *appendicitis* |
| arsură | *burn* |
| arsură solară | *sunburn* |
| artrită | *osteoarthritis, arthritis** |
| astenie | *fatigue* |
| astm | *asthma* |
| avort provocat | *induced abortion* |
| boala Paget | *Paget's disease* |
| boala Parkinson | *Parkinson's disease* |
| boală venerică | *venereal disease* |
| bronşită | *bronchitis* |
| cancer | *cancer* |
| cefalee, durere de cap* | *headache, sore head** |
| chist | *cyst* |
| ciroză | *cirrhosis* |
| colică biliară | *gallstone colic* |
| colică renală | *ureteric (renal) colic* |
| colită | *colitis* |
| comă | *coma* |
| conjunctivită | *eye infection, sticky eye** |
| constipaţie | *constipation* |
| convulsie, criză convulsivă | *convulsion, fit, seizure* |
| coriză* | *coryza, cold*, cold in the head** |
| coş* | *spot*, pimple** |
| crampe | *cramp* |
| criză* | *funny turn** |
| delir | *delirium* |
| delirium tremens | *delirium tremens* |
| depresie, a avea o cădere nervoasă* | *depression, to have a nervous break-down** |
| deshidratare | *dehydration* |
| desprindere de retină | *retinal detachment* |

| | |
|---|---|
| diabet | *diabetes mellitus, diabetes** |
| diaree | *diarrhoea* |
| dilatarea bronhiilor (bronşiectazie) | *bronchiectasis* |
| dismenoree, menstruaţie dureroasă* | *dysmenorrhaea, painful periods** |
| dopuri (de ceară) în urechi* | *wax in the ears** |
| eczemă | *eczema* |
| edem pulmonar | *pulmonary oedema* |
| embolie pulmonară | *pulmonary embolism* |
| entorsă | *sprain* |
| enurezis, a urina în pat* | *enuresis, bed wetting** |
| epiglotită | *epiglottitis* |
| epilepsie | *epilepsy* |
| eritem fesier | *nappy rash* |
| escare | *bedsore* |
| esofagită | *oesophagitis* |
| febra fânului | *hay fever* |
| febră, temperatură | *fever, temperature* |
| fibrilaţie atrială | *atrial fibrillation* |
| fibrom uterin | *fibroma* |
| fistulă anală | *fistula in ano* |
| fisură anală | *fissure in ano* |
| fractură, os rupt* | *fracture, broken bone** |
| furuncul | *boil* |
| gangrenă | *gangrene* |
| gastrită | *gastritis, tummy bug** |
| glaucom | *glaucoma* |
| gripă | *influenza, flu** |
| gută | *gout* |
| hemoragie, sângerare* | *haemorrhage, bleeding** |
| hemoroizi | *piles* |
| hepatită virală | *viral hepatitis* |
| hernie | *hernia* |
| hernie hiatală | *hiatus hernia* |
| herpes | *herpes simplex* |
| hipertensiune arterială | *high blood pressure* |
| hipertiroidie | *hyperthyroidism* |
| hipotensiune arterială | *low blood pressure* |
| impetigo | *impetigo* |
| incontinenţă urinară | *urine incontinence* |
| infarct miocardic, criză de inimă* | *myocardial infarction, heart attack** |
| infecţie urinară, cistită* | *kidney infection** |
| infecţie urinară, infecţie la rinichi* | *urinary tract infection, kidney infection** |
| insuficienţă respiratorie | *respiratory failure* |
| înţepături de insecte | *insect bites* |
| leucemie | *leukaemia* |
| lumbago, dureri de spate* | *back pain** |

| | |
|---|---|
| luxaţie | *dislocation* |
| mătreaţă | *dandruff* |
| meningită | *meningitis* |
| menopauză | *menopause* |
| micoză | *mycosis* |
| mielom | *myeloma* |
| migrenă | *migraine* |
| mononucleoză infecţioasă | *infectious mononucleosis, glandular fever** |
| muguet | *thrush* |
| nevralgie | *neuralgia* |
| nevroză | *neurosis* |
| obezitate | *obesity* |
| ochi înroşiţi | *red eye* |
| oreion | *mumps* |
| orhită | *orchitis* |
| orjelet, urcior* | *sty* |
| osteoporoză | *osteoporosis* |
| otită seroasă | *glue ear** |
| otită, infecţia urechii* | *otitis, ear infection*, sore ear** |
| oxiuri | *threadworms* |
| păduchi | *lice* |
| panariţiu | *whitlow* |
| pancreatită | *pancreatitis* |
| paralizie | *palsy, paralysis* |
| pericardită | *pericarditis* |
| pielonefrită | *pyelonephritis* |
| pleurezie | *pleurisy* |
| pneumonie | *pneumonia* |
| pneumotorax | *pneumothorax* |
| poliartrită reumatoidă | *rheumatoid arthritis* |
| polip | *polyp* |
| prurit | *pruritus* |
| psihoză | *psychosis* |
| psoriazis | *psoriasis* |
| rabie | *rabies* |
| răceală la gât* | *head cold** |
| răceală* | *cold** |
| rectocolită hemoragică | *ulcerative colitis* |
| reumatism articular acut | *rheumatic fever* |
| rinită, nas care curge* | *rhinitis, runny nose** |
| rubeolă | *rubella, German measles** |
| rujeolă | *measles* |
| salpingită | *salpingitis* |
| sarcină | *pregnancy* |
| scabie | *scabies* |
| scarlatină | *scarlet fever* |

| | |
|---|---|
| schizofrenie | *schizophrenia* |
| sciatică | *sciatica* |
| scleroză în plăci | *multiple sclerosis* |
| SIDA | *AIDS* |
| sifilis | *syphilis* |
| sincopă, pierderea cunoştinţei | *syncope, blackout** |
| sindrom Down, trisomie 21, mongolism* | *Down's syndrome* |
| sindrom premenstrual | *premenstrual syndrome* |
| sindromul de colon iritabil | *irritable bowel syndrome* |
| sinuzită | *sinusitis* |
| spasmofilie | *hysterical hyperventilation* |
| spondilită anchilozantă | *ankylosing spondylitis* |
| sterilitate | *infertility* |
| stop cardiac | *cardiac arrest* |
| strabism, a avea ochii încrucişaţi* | *strabismus, squint, to be cross-eyed** |
| tahicardie | *tachycardia* |
| tăietură | *cut* |
| tenie | *tapeworm* |
| tetanie | *tetany* |
| tetanos | *tetanus* |
| torsiunea testiculelor | *torsion of testis* |
| tromboză venoasă profundă (flebită) | *deep venous thrombosis* |
| tuberculoză | *tuberculosis* |
| tuse convulsivă | *whooping cough, pertussis* |
| ulcer gastroduodenal | *peptic ulcer* |
| ulcer varicos | *venous ulcer* |
| urticarie | *urticaria* |
| varicelă | *chickenpox* |
| vegetaţii venerice | *venereal warts* |
| vene varicoase | *varicose veins* |
| vertij | *vertigo* |
| verucă, neg* | *wart* |
| vulvovaginită | *vulvovaginitis* |
| zona zoster | *herpes zoster, shingles** |

# Abbreviations / Abrevieri

| | | |
|---|---|---|
| ***A&P*** | *auscultation and percussion* | – auscultaţie şi percuţie |
| ***A&W*** | *alive and well* | – în viaţă şi sănătos |
| ***A/W*** | *in accordance with* | – în acord cu, conform |
| ***AA*** | *Alcoholics Anonymous* | – Alcoolicii Anonimi |
| ***AB*** | *abortion* | – avort |
| ***Ab*** | *antibody* | – anticorpi |
| ***ABC*** | *airway, breathing, and circulation* | – libertatea căilor aeriene |
| ***Abd*** | *abdomen* | – abdomen |
| ***ABE*** | *acute bacterial endocarditis* | – endocardită bacteriană |
| ***ACTH*** | *adrenocorticotrophic hormone* | – hormonul adrenocorticotrop |
| ***ADH*** | *antidiuretic hormone* | – hormonul antidiuretic |
| ***ADR*** | *adverse drug reaction* | – efecte secundare ale medicamentelor |
| ***ADT*** | *any what you desire thing* | – placebo |
| ***AF*** | *atrial fibrillation* | – fibrilaţie arterială |
| ***AF*** | *amniotic fluid* | – lichid amniotic |
| ***AFB*** | *acid-fast bacillus* | – bacil alcoolo-acidorezistent |
| ***αFP*** | *alpha-fetoprotein* | – alfa fetoproteină |
| ***Ag*** | *antigen* | – antigen |
| ***AGN*** | *acute glomerulonephritis* | – glomerulonefrită acută |
| ***AI*** | *artificial insemination* | – inseminare artificială |
| ***AI*** | *aortic incompetence or insufficiency* | – insuficienţă aortică |
| ***AIDS*** | *acquired immune deficiency syndrome* | – sindromul imunodeficienţei dobândite |
| ***AIHA*** | *auto-immune haemolytic anaemia* | – anemie hemolitică autoimună |
| ***AL*** | *acute leukaemia* | – leucemie acută |
| ***Alb*** | *albumin* | – albumină |
| ***ALL*** | *acute lymphoblastic leukaemia* | – leucemie limfoblastică acută |
| ***ALP*** | *alkaline phosphatase (AP)* | – fosfatază alcalină |
| ***ALS*** | *amyotrophic lateral sclerosis* | – scleroză amiotrofică laterală |
| ***ALT*** | *alanine aminotransferase* | – glutamic piruvic transaminază |
| ***AM*** | *ante meridiem = before noon* | – ante-meridian = înainte de prânz |
| ***AML*** | *acute myeloblastic leukaemia* | – leucemie mieloblastică acută |
| ***AN*** | *antenatal* | – prentenatal |
| ***Anat*** | *anatomy* | – anatomie |
| ***ANF*** | *antinuclear factors* | – factori antinucleari |

| | | | |
|---|---|---|---|
| ***ANS*** | *autonomic nervous system* | – | sistemul nervos autonom |
| ***Ant*** | *anterior* | – | anterior |
| ***Ante*** | *before* | – | înainte |
| ***AP*** | *anteroposterior* | – | antero-posterior |
| ***APGAR*** | *American Pediatric Gross Assessment Record* | – | American Pediatric Gross Assessment Record |
| ***APH*** | *ante-partum hemorrhage* | – | hemoragie ante-partum |
| ***Approx*** | *approximate/approximately* | – | aproximativ |
| ***APTT*** | *activated partial thromboplastin time* | – | timpul de tromboplastină activată parţial |
| ***APUD*** | *amine precursor uptake and decarboxylation* | – | sistemul APUD |
| ***ARDS*** | *acute respiratory distress syndrome* | – | sindromul de detresă respiratorie acută a adultului |
| ***ARM*** | *artificial rupture of the membranes* | – | ruptura artificială a membranelor |
| ***AS*** | *aortic stenosis (or **A Sten**)* | – | stenoză aortică |
| ***AS*** | *ankylosing spondylitis* | – | spondilită anchilozantă |
| ***ASD*** | *atrial septal defect* | – | defect septal atrial |
| ***ASDH*** | *acute subdural haematoma* | – | hematom subdural acut |
| ***ASS*** | *anterior superior spine (of ilium) (or **Ant Sup Spine**)* | – | spina iliacă antero-superioară |
| ***AST*** | *aspartate aminotransferase* | – | glutamic oxalacetic transaminază |
| ***ASTO*** | *antistreptolysin-O* | – | antistreptolizina O |
| ***Asym*** | *asymmetrical* | – | asimetric |
| ***ATN*** | *acute tubular necrosis* | – | necroză tubulară acută |
| ***ATP*** | *adenosine triphosphate* | – | adenozin trifosfat |
| ***ATS*** | *antitetanus serum* | – | ser antitetanic |
| ***AV*** | *aortic valve* | – | valva aortică |
| ***AVN*** | *atrioventricular node* | – | nodulul atrio-ventricular |
| ***B&J*** | *bone and joint* | – | os şi articulaţie |
| ***BA*** | *bronchial asthma* | – | astm bronşic |
| ***BaE*** | *barium enema* | – | lavaj baritat |
| ***Bab*** | *Babinski (reflex)* | – | reflexul Babinski |
| ***BaM*** | *barium meal* | – | tranzit baritat |
| ***BBB*** | *bundle-branch block* | – | bloc de ram |
| ***BBB*** | *blood-brain barrier* | – | bariera hemato-encefalică |
| ***BCG*** | *bacille Calmette-Guérin* | – | bacilul Calmette-Guérin |
| ***bd*** | *bis die = twice a day* | – | de două ori pe zi |
| ***BE*** | *base excess* | – | exces de baze |
| ***Bili*** | *bilirubin* | – | bilirubină |
| ***Bl cult*** | *blood culture* | – | hemocultură |
| ***BNF*** | *British National Formulary* | – | echivalentul *Agendei medicale* |
| ***BNO*** | *bowels not opened* | – | absenţa scaunelor |
| ***BP*** | *blood pressure* | – | tensiunea arterială |
| ***BPD*** | *biparietal diameter* | – | diametrul biparietal |
| ***BS*** | *blood sugar* | – | glicemie |
| ***BV*** | *blood vessel* | – | vase sangvine |

| | | | |
|---|---|---|---|
| ***BW*** | *birth weight (or **BWt**)* | – | greutatea la naştere |
| ***BZ*** | *benzodiazepine* | – | benzodiazepină |
| ***C&S*** | *culture and sensitivity* | – | antibiogramă |
| ***C/O*** | *check out* | – | examen de rutină |
| ***C/O*** | *complains of* | – | se plânge de... |
| ***C1, C2...*** | *cervical vertebra No. 1, 2...* | – | vertebra cervicală nr. 1, 2... |
| $C_1$, $C_2$... | *first rib, second rib...* | – | prima coastă, a doua coastă... |
| ***CA*** | *cardiac arrest* | – | stop cardiac |
| ***CA*** | *carcinoma (or **Ca**)* | – | carcinom |
| ***Can*** | *cancer* | – | cancer |
| ***CAT SCAN*** | *Computerized Axial Tomography Scanner* | – | computer tomograf |
| ***CB*** | *chronic bronchitis* | – | bronşită cronică |
| ***CCF*** | *congestive cardiac failure* | – | insuficienţă cardiacă congestivă |
| ***CCU*** | *coronary care unit* | – | serviciu de reanimare cardiacă |
| ***CEA*** | *carcinoembryonic antigen* | – | antigen carcinoembrionar |
| ***CF*** | *cystic fibrosis* | – | fibroză chistică |
| ***CF*** | *cardiac failure* | – | insuficienţă cardiacă |
| ***CGN*** | *chronic glomerulonephritis* | – | glomerulonefrită cronică |
| ***CHB*** | *complete heart block* | – | bloc complet |
| ***CI*** | *cardiac index* | – | indice cardiac |
| ***CI, CII...*** | *cranial nerves I, II...* | – | nervii cranieni I, II... |
| ***CL*** | *chronic leukaemia* | – | leucemie cronică |
| ***CLL*** | *chronic lymphocytic leukaemia* | – | leucemie limfoidă cronică |
| ***CMV*** | *cytomegalovirus* | – | citomegalovirus |
| ***CN*** | *cranial nerve* | – | nerv cranian |
| ***CNS*** | *central nervous system* | – | sistemul nervos central |
| ***CO*** | *carbone monoxide* | – | monoxid de carbon |
| $CO_2$ | *carbon dioxide* | – | dioxid de carbon |
| ***COAD*** | *chronic obstructive airway disease* | – | bronhopneumopatie obstructivă cronică |
| ***COHb*** | *carboxyhaemoglobin* | – | carboxihemoglobină |
| ***Cons*** | *consultant* | – | specialist |
| ***CPAP*** | *continuous positive airway pressure* | – | presiune pozitivă la nivelul suprafeţei aeriene pulmonare |
| ***CPK*** | *creatine phosphokinase* | – | creatin fosfokinază |
| ***CPR*** | *cardiopulmonary resuscitation* | – | resuscitare cardiopulmonară |
| ***CR(E)ST*** | *calcinosis, Raynaud's phenomenon (esophageal dysfunction), sclerodactyly and telangiectasia* | – | calcificare, sindrom Raynaud, sclerodactilie şi telangiectazie |
| ***CRF*** | *chronic renal failure* | – | insuficienţă renală cronică |
| ***CRP*** | *C-reactive protein* | – | proteina C reactivă |
| ***CS*** | *caesarean section* | – | cezariană |
| ***CS*** | *conscious/consciousness* | – | conştient/stare de conştienţă |

| | | | |
|---|---|---|---|
| ***CSF*** | *cerebrospinal fluid* | – | lichid cefalorahidian |
| ***CT*** | *clotting time* | – | timp de coagulare |
| ***CTG*** | *cardiotocography* | – | cardiotocografie |
| ***CTR*** | *cardiothoracic ratio* | – | raport cardiotoracic |
| ***CV*** | *cardiovascular* | – | cardiovascular |
| ***CVA*** | *cerebrovascular accident (stroke)* | – | accident vascular cerebral |
| ***CVP*** | *central venous pressure* | – | presiune venoasă centrală |
| ***CX*** | *chest X-ray* | – | radiografie pulmonară |
| ***CX*** | *cervix* | – | col (uterin) |
| ***D&C*** | *dilatation and curettage* | – | chiuretaj |
| ***D&V*** | *diarrhoea and vomiting* | – | diaree şi vomismente |
| ***D1, D2...*** | *dorsal (thoracic) vertebre No. 1, 2...* | – | vertebra toracică nr. 1, 2... |
| ***DA*** | *drug addict* | – | persoană dependentă de droguri |
| ***dB*** | *decibel* | – | decibel |
| ***DHE*** | *dihydroergotamine* | – | dihidroergotamină |
| ***DI*** | *diabetes insipidus* | – | diabet insipid |
| ***DIC*** | *disseminated intravascular coagulopathy or coagulation* | – | coagulare intravasculară diseminată |
| ***DM*** | *diabetes mellitus* | – | diabet zaharat |
| ***DM*** | *diastolic murmur* | – | suflu diastolic |
| ***DNA*** | *did not attend* | – | nu s-a prezentat |
| ***DNA*** | *deoxyribonucleic acid* | – | acid dezoxiribonucleic |
| ***DNR*** | *do not resuscitate* | – | a nu resuscita |
| ***DOA*** | *dead on arrival* | – | decedat la sosire |
| ***DOB*** | *date of birth* | – | data naşterii |
| ***DOE*** | *dyspnoea on exertion* | – | dispnee de efort |
| ***Dr*** | *doctor* | – | doctor |
| ***DT*** | *delirium tremens* | – | delirium tremens |
| ***DU*** | *duodenal ulcer* | – | ulcer duodenal |
| ***DVT*** | *deep venous thrombosis* | – | tromboflebită |
| ***E coli*** | *Escherichia coli* | – | Escherichia coli |
| ***EAC*** | *external auditory canal* | – | conduct auditiv extern |
| ***EBV*** | *Epstein-Barr virus* | – | virusul Epstein-Barr |
| ***ECG*** | *electrocardiogram* | – | electrocardiogramă |
| ***EDD*** | *expected date of delivery* | – | data probabilă a naşterii |
| ***ELISA*** | *enzyme-linked immunoadsorbent assay* | – | ELISA (enzyme-linked immunoadsorbent assay) |
| ***EMG*** | *electromyograph/electromyogram* | – | electromiografie/electromiogramă |
| ***EN*** | *erythema nodosum* | – | eritem nodos |
| ***ENT*** | *ears, nose and throat* | – | otorinolaringologie |
| ***EP*** | *ectopic pregnancy* | – | sarcină extrauterină |
| ***ERCP*** | *endoscopic retrograde cholangiopancreatographic (examination)* | – | colangiopancreatografie retrogradă endoscopică |

| | | | |
|---|---|---|---|
| ***ERV*** | *expiratory reserve volume* | – | volum expirator de rezervă |
| ***ESR*** | *erythrocyte sedimentation rate* | – | viteza de sedimentare a hematiilor |
| ***EVP*** | *evoked visual potential* | – | potenţial vizual evocat |
| ***FA*** | *fatty acid* | – | acizi graşi |
| ***FB*** | *foreign body* | – | corp străin |
| ***FBC*** | *full blood count* | – | formula sangvină |
| ***FBS*** | *fasting blood sugar* | – | glicemia *à jeun* |
| ***FD*** | *forceps delivery* | – | naştere cu ajutorul forcepsului |
| ***FDIU*** | *fetal death in utero* | – | moarte fetală intrauterină |
| ***FDP*** | *fibrin degradation product* | – | produs de degradare a fibrinogenului |
| ***FEV1*** | *forced expiratory volume in one second* | – | volum expirator maxim pe secundă |
| ***FFP*** | *fresh frozen plasma* | – | plasmă proaspătă congelată |
| ***FH*** | *family history* | – | antecedente familiale |
| ***FH*** | *fetal heart* | – | inima fătului |
| ***FI*** $O_2$ | *fractional inspiratory oxygen* | – | concentraţia oxigenului în aerul inspirat |
| ***FLK*** | *funny looking kid* | – | copil cu aspect ciudat |
| ***FMP*** | *first menstrual period* | – | data primei menstruaţii |
| ***FOB*** | *faecal occult blood* | – | sânge ocult în fecale (melenă) |
| ***FP*** | *facial palsy* | – | paralizie facială |
| ***FRC*** | *functional residual capacity* | – | capacitate funcţională reziduală |
| ***FRJM*** | *full range joint movement* | – | mişcări articulare normale |
| ***FROM*** | *full range of movement* | – | mişcări normale |
| ***FSH*** | *follicle stimulating hormone* | – | hormonul foliculostimulant |
| ***FT*** | *full term* | – | naştere la termen |
| ***FTA*** | *fluorescent treponemal antibody (test)* | – | testul de identificare a Treponemei pallidum prin imunofluorescenţă |
| ***FTA-ABS*** | *fluorescent treponemal antibody-absorption (test)* | – | testul de identificare a Treponemei pallidum prin imunofluorescenţă prin absorbţie |
| ***FTI*** | *free thyroxine index* | – | indicele de tiroxină liberă |
| ***FTND*** | *full term normal delivery* | – | naştere normală la termen |
| ***FTT*** | *failure to thrive* | – | retard staturo-ponderal |
| ***FUO*** | *fever of undetermined origin* | – | febră de origine necunoscută |
| ***FVC*** | *forced vital capacity* | – | capacitate vitală maximă |
| ***GA*** | *general anaesthesia* | – | anestezie generală |
| ***GB*** | *gall bladder* | – | vezica biliară |
| ***GH*** | *general hospital* | – | centru spitalicesc |
| ***GH*** | *growth hormone* | – | hormonul de creştere |
| ***GI*** | *gastrointestinal* | – | gastrointestinal |
| ***GI, GII...*** | *number of previous pregnancies* | – | numărul sarcinilor anterioare |
| ***GIT*** | *gastrointestinal tract* | – | tubul digestiv |
| ***GN*** | *glomerular nephritis* | – | glomerulonefrită |
| ***GNB*** | *Gram-negative bacilli* | – | bacil Gram-negativ |

| | | | |
|---|---|---|---|
| ***GP*** | *general practitioner* | – | medic generalist |
| ***GP*** | *general paralysis* | – | paralizie generală |
| ***GTT*** | *glucose tolerance test* | – | testul de toleranţă la glucoză |
| ***GU*** | *gastric ulcer* | – | ulcer gastric |
| ***GU*** | *genitourinary* | – | genitourinar |
| ***H&L*** | *heart and lungs* | – | inimă şi plămâni |
| ***H&P*** | *history and physical (examination)* | – | semne funcţionale şi semne fizice (interogatoriu şi examen) |
| ***H/O*** | *history of* | – | istoricul |
| ***HA*** | *haemolytic anaemia* | – | anemie hemolitică |
| ***Hb*** | *haemoglobin* | – | hemoglobină |
| ***$HbO_2$*** | *oxyhaemoglobin* | – | oxihemoglobină |
| ***HBP*** | *high blood pressure* | – | hipertensiune arterială |
| ***HCG*** | *human chorionic gonadotrophin* | – | gonadotrofină corionică umană |
| ***$HCO_3$*** | *bicarbonate ion* | – | ionul bicarbonat |
| ***Hct*** | *haematocrit* | – | hematocrit |
| ***HDL*** | *high density lipoprotein* | – | lipoproteine cu densitate mare |
| ***HDN*** | *haemolytic disease of the newborn* | – | boala hemolitică a nou-născutului |
| ***HJR*** | *hepatojugular reflex (reflux)* | – | reflux hepatojugular |
| ***HLA*** | *histocompatibility locus antigen* | – | antigen de histocompatibilitate |
| ***HMD*** | *hyaline membrane disease* | – | boala membranelor hialine |
| ***HO*** | *house officer* | – | intern (începând cu al doilea an de internat) |
| ***Hosp*** | *hospital* | – | spital |
| ***HPC*** | *history of present complaint* | – | istoricul bolii |
| ***HPI*** | *history of present illness* | – | istoricul bolii |
| ***HR*** | *heart rate* | – | frecvenţa cardiacă |
| ***HS*** | *herpes simplex* | – | herpes |
| ***HS*** | *heart sounds* | – | zgomotele cardiace |
| ***HT*** | *high temperature* | – | hipertermie |
| ***ht*** | *height* | – | talia (înălţimea) |
| ***HVG*** | *host versus graft (response)* | – | răspunsul gazdei faţă de grefă |
| ***HW*** | *housewife* | – | casnică |
| ***Hx*** | *history* | – | istoric |
| ***I&O*** | *intake and output* | – | intrări şi ieşiri |
| ***IBS*** | *irritable bowel syndrome* | – | sindromul de colon iritabil |
| ***IC*** | *intensive care* | – | reanimare terapie intensivă |
| ***IC*** | *intracardiac* | – | intracardiac |
| ***IC*** | *intracellular* | – | intracelular |
| ***IC*** | *intracerebral* | – | intracerebral |
| ***IC*** | *inspiratory capacity* | – | capacitate inspiratorie |
| ***IC*** | *immune complex* | – | complex imun |
| ***ICS*** | *intercostal space* | – | spaţiu intercostal |
| ***ICT*** | *indirect Coombs's test* | – | testul Coombs indirect |

| | | | |
|---|---|---|---|
| ***ICU*** | *intensive care unit* | – | serviciu de reanimare şi terapie intensivă |
| ***ID*** | *intradermal/intradermally* | – | intradermic |
| ***ID*** | *infectious disease* | – | boală infecţioasă |
| ***IDDM*** | *insulin-dependent diabetes mellitus* | – | diabet insulino-dependent |
| ***IE*** | *immunoelectrophoresis* | – | imunoelectroforeză |
| ***ie*** | *id est (Lat.) = that is* | – | *id est* (lat.)= adică |
| ***IF*** | *inhibiting factor* | – | factor inhibitor |
| ***IF*** | *intrinsic factor* | – | factor intrinsec |
| ***IF*** | *immunofluorescence* | – | imunofluorescenţă |
| ***Ig*** | *immunoglobulin (IgA, D, E, G, M)* | – | imunoglobulină (IgA, D, E, G, M) |
| ***IM*** | *intramuscular* | – | intramuscular |
| ***IM*** | *infectious mononucleosis* | – | mononucleoză infecţioasă |
| ***INH*** | *isonicotinic acid hydrazide (isoniazid)* | – | hidrazida acidului isonicotinic (isoniazidă) |
| ***IPPA*** | *inspection, palpation, percussion, auscultation* | – | inspecţie, palpare, percuţie, auscultaţie |
| ***IQ*** | *intelligence quotient* | – | coeficient de inteligenţă |
| ***IRV*** | *inspiratory reserve volume* | – | volum inspirator de rezervă |
| ***IS*** | *intercostal space* | – | spaţiu intercostal |
| ***ITP*** | *idiopathic thrombocytopenic purpura* | – | purpură trombocitopenică idiopatică |
| ***IU*** | *intrauterine* | – | intrauterin |
| ***IU*** | *international unit* | – | unitate internaţională |
| ***IUCD*** | *intrauterine contraceptive device* | – | sterilet |
| ***IUGR*** | *intrauterine growth retardaiion* | – | retard de creştere intrauterină |
| ***IV*** | *interventricular* | – | interventricular |
| ***IV*** | *intravenous/intravenously* | – | intravenos/pe cale intravenoasă |
| ***IVC*** | *inferior vena cava* | – | vena cavă inferioară |
| ***IVP*** | *intravenous pyelogram* | – | urografie intravenoasă |
| ***JV*** | *jugular vein* | – | vena jugulară |
| ***KJ*** | *knee jerk* | – | reflexul rotulian |
| ***KLS*** | *kidney, liver, spleen* | – | rinichi, ficat, splină |
| ***KO*** | *knocked out* | – | KO (knocked out) |
| ***L&W*** | *living and well* | – | în viaţă şi sănătos |
| ***L1, L2...*** | *lumbar vertebra No. 1, 2...* | – | vertebra lombară nr. 1, 2... |
| ***LA*** | *local anaesthesia* | – | anestezie locală |
| ***LA*** | *long-acting* | – | eliberare prelungită |
| ***LAH*** | *left atrial hypertrophy* | – | hipertrofie atrială stângă |
| ***LAH*** | *left anterior hemiblock* | – | hemibloc anterior stâng |
| ***LBBB*** | *left bundle branch block* | – | bloc de ram stâng |
| ***LBP*** | *low back pain* | – | durere dorsală inferioară |
| ***LBP*** | *low blood pressure* | – | hipotensiune arterială |

| | | | |
|---|---|---|---|
| ***LBW*** | *low birth weight* | – | greutate mică la naştere |
| ***LDH*** | *lactate dehydrogenase* | – | lactat dehidrogenază |
| ***LDL*** | *low density lipoprotein* | – | lipoproteine cu densitate scăzută |
| ***LFA*** | *left frontoanterior (position of fetus)* | – | nazo-iliacă stângă (poziţia fetală) |
| ***LFT*** | *liver function test* | – | explorări funcţionale hepatice |
| ***LH*** | *luteinizing hormone* | – | hormonul luteinizant |
| ***LHC*** | *left hypochondrium* | – | hipocondrul stâng |
| ***LIF*** | *left iliac fossa* | – | fosa iliacă stângă |
| ***lig*** | *ligament* | – | ligament |
| ***LKS*** | *liver, kidney, spleen* | – | ficat, rinichi, splină |
| ***LL*** | *left lower* | – | inferior stâng |
| ***LLL*** | *left lower lobe (of lung)* | – | lobul inferior stâng (pulmonar) |
| ***LMA*** | *left mentoanterior (position of fetus)* | – | mento-iliacă stângă (poziţia fetală) |
| ***LMP*** | *last menstrual period* | – | data ultimei menstruaţii |
| ***LMP*** | *left mentoposterior* | – | mento-iliacă stângă posterioară |
| ***LMT*** | *left mentotransverse* | – | mento-transversă stângă |
| ***LOA*** | *leave of absence* | – | permis de ieşire |
| ***LOA*** | *left occipitoanterior* | – | occipito-anterioară stângă |
| ***LOP*** | *left occipitoposterior* | – | occipito-posterioară stângă |
| ***LOT*** | *left occipitotransverse* | – | occipito-transversă stângă |
| ***LP*** | *lumbar puncture* | – | puncţie lombară |
| ***LRTI*** | *lower respiratory tract infection* | – | infecţia traiectului respirator inferior |
| ***LS*** | *lumbosacral* | – | lombosacrat |
| ***LSA*** | *left sacroanterior* | – | sacro-iliac anterior stâng |
| ***LSL*** | *left sacrolateral* | – | sacro-iliac stâng lateral |
| ***LSP*** | *left sacroposterior* | – | sacro-iliac stâng posterior |
| ***LST*** | *left sacrotransverse* | – | sacro-iliac stâng transvers |
| ***LU*** | *left upper* | – | superior stâng |
| ***LUL*** | *left upper lobe (of lung)* | – | lobul superior stâng (pulmonar) |
| ***LV*** | *left ventricle* | – | ventriculul stâng |
| ***LVF*** | *left ventricular failure* | – | insuficienţă ventriculară stângă |
| ***LVH*** | *left ventricular hypertrophy* | – | hipertrofie ventriculară stângă |
| ***MAOI*** | *monoamine oxidase inhibitor* | – | inhibitor de monoamin oxidază |
| ***MCH*** | *mean corpuscular haemoglobin* | – | valoarea medie a corpusculilor în hemoglobină |
| ***MCHC*** | *mean corpuscular haemoglobin concentration* | – | concentraţia medie a corpusculilor în hemoglobină |
| ***MCHS*** | *Maternal and Child Health Service* | – | Serviciul pentru sănătatea mamei şi copilului |
| ***MCV*** | *mean corpuscular volume* | – | volumul mediu al globulelor |
| ***MD*** | *Doctor of Medicine* | – | medic ; doctor în medicină |
| ***MD*** | *Medical Department* | – | serviciu medical |
| ***ME*** | *middle ear* | – | urechea medie |
| ***MI*** | *myocardial infarction* | – | infarct miocardic |

| | | | |
|---|---|---|---|
| ***MI*** | *mitral incompetence* | – | insuficienţă mitrală |
| ***MI*** | *mitral insufficiency* | – | insuficienţă mitrală |
| ***MIC*** | *minimal inhibitory concentration* | – | concentraţia minimă inhibitorie |
| ***MIMS*** | *Monthly Index of Medical Specialities* | – | *Monthly Index of Medical Specialities* (publicaţie medicală) |
| ***misc*** | *miscellaneous* | – | diverse |
| ***MMR*** | *measles-mumps-rubella (vaccine)* | – | vaccinul antirujeolă, antioreion, antirubeolă |
| ***MP*** | *menstrual period* | – | menstruaţie |
| ***MPGN*** | *membranous proliferative glomerulonephritis* | – | glomerulonefrită membranoasă proliferativă |
| ***mph*** | *miles per hour (1 mile = 1,6 kilometres)* | – | mile pe oră (1 milă = 1,6 kilometri) |
| ***MPS*** | *mucopolysaccharide* | – | mucopolizaharide |
| ***MRV*** | *mixed respiratory vaccine* | – | vaccin MRV |
| ***MS*** | *mitral stenosis* | – | stenoză mitrală |
| ***MS*** | *multiple sclerosis* | – | scleroză multiplă |
| ***MSU*** | *mid-stream urine specimen* | – | probă de urină/examenul citobacteriologic al urinei |
| ***MVP*** | *mitral valve prolapse* | – | prolaps de valvă mitrală |
| ***N*** | *nodules* | – | adenopatii |
| ***N*** | *normal* | – | normal |
| ***N&V*** | *nausea and vomiting* | – | greaţă şi vomismente |
| ***NAD*** | *nothing abnormal detected* | – | nimic anormal semnalat |
| ***NAI*** | *non-accidental injury* | – | sindrom Silverman (la copiii agresaţi) |
| ***NB*** | *newborn* | – | nou-născut |
| ***NBTS*** | *National Blood Transfusion Service* | – | Centrul Naţional de Transfuzii |
| ***ND*** | *normal delivery* | – | naştere normală |
| ***NDI*** | *nephrogenic diabetes insipidus* | – | diabet insipid nefrogen |
| ***NFTD*** | *normal full term delivery* | – | naştere normală la termen |
| ***NGU*** | *non-gonococcal urethritis* | – | uretrită negonococică |
| ***NHI*** | *National Health Insurance* | – | Casa Naţională de Asigurări de Sănătate |
| ***NIDDM*** | *non insulin-dependent diabetes mellitus* | – | diabet non-insulino-dependent |
| ***NIP*** | *nipple* | – | mamelon |
| ***NMR*** | *nuclear magnetic resonance* | – | rezonanţă magnetică nucleară |
| ***NS*** | *nervous system* | – | sistemul nervos |
| ***NSAID*** | *non-steroidal anti-inflammatory drug* | – | antiinflamator nesteroidal |
| ***nyst*** | *nystagmus* | – | nistagmus |
| ***O&C*** | *onset and course (of a disease)* | – | debutul şi evoluţia (unei boli) |
| ***O&P*** | *ova and parasites* | – | ouă şi paraziţi |
| ***OA*** | *occiput anterior* | – | occipito-pubian |

| | | | |
|---|---|---|---|
| ***OBS*** | *obstetrics* | – | obstetrică |
| ***OC*** | *oral contraceptive* | – | contraceptive orale |
| ***OD*** | *oculus dexter (Lat.) = right eye* | – | ochiul drept |
| ***OD*** | *overdose* | – | supradoză |
| ***OE*** | *on examination* | – | la examen |
| ***OE*** | *otitis externa* | – | otită externă |
| ***OGTT*** | *oral glucose tolerance test* | – | testul de toleranţă la glucoză |
| ***OL*** | *oculus laevus (Lat.) = left eye* | – | ochiul stâng |
| ***OM*** | *otitis media* | – | otită medie |
| ***ON*** | *optic nerve* | – | nervul optic |
| ***OPD*** | *Outpatient Department* | – | Serviciul de consultaţii externe |
| ***OPH*** | *ophthalmology* | – | oftalmologie |
| ***Os*** | *bone (Lat.)* | – | os |
| ***Os*** | *mouth (Lat.)* | – | gură |
| ***P&A*** | *percussion and auscultation* | – | percuţie şi auscultaţie |
| ***PA*** | *pulmonary artery* | – | artera pulmonară |
| ***Paed*** | *paediatrics* | – | pediatrie |
| ***PAN*** | *polyarteritis nodosa* | – | periarterită nodoasă |
| $PaO_2$ | *arterial partial pressure of oxygen* | – | presiunea arterială parţială a oxigenului |
| ***Para*** | *parity* | – | paritate |
| ***PAT*** | *paroxysmal atrial tachycardia* | – | tahicardie atrială paroxistică |
| ***PBC*** | *primary biliary cirrhosis* | – | ciroză hepatică primară |
| ***PC*** | *packed cells* | – | concentrat plachetar |
| ***PC*** | *present complaint* | – | motivul prezentării |
| ***PCC*** | *Poison Control Center* | – | Serviciul de combatere a drogurilor, otrăvirii şi substanţelor halucinogene |
| $PCO_2$ | *carbon dioxide pressure* | – | presiunea arterială a dioxidului de carbon |
| ***PCV*** | *polycythaemia vera* | – | policitemie vera |
| ***PCV*** | *packed cell volume* | – | hematocrit |
| ***PDA*** | *patent ductus arteriosus* | – | persistenţa canalului arterial |
| ***PE*** | *pulmonary embolism* | – | embolie pulmonară |
| ***PEEP*** | *positive end expiratory pressure* | – | presiunea pozitivă la sfârşitul perioadei de expir |
| ***PEF*** | *peak expiratory flow* | – | debitul expirator maxim |
| ***Per*** | *by ; through* | – | par, prin |
| ***PERLA*** | *pupils equal, react to light and accommodation* | – | pupile egale, reactive la lumină şi acomodare |
| ***PET*** | *pre-eclamptic toxaemia* | – | toxemie preeclamptică |
| ***PFA*** | *plain film of the abdomen* | – | radiografie abdominală simplă |
| ***PFT*** | *pulmonary function test* | – | explorări funcţionale respiratorii |
| ***Pg*** | *pregnant* | – | însărcinată |
| ***PGN*** | *proliferative glomerulonephritis* | – | glomerulonefrită proliferativă |
| ***PH*** | *public health* | – | sănătate publică |

| | | | |
|---|---|---|---|
| ***PH*** | *past history* | – | antecedente |
| ***pH*** | *symbol for expression of hydrogen ion concentration* | – | simbolul concentraţiei ionilor de hidrogen |
| ***PI*** | *pulmonary incompetence* | – | insuficienţă pulmonară |
| ***PIH*** | *pregnancy induced hypertension* | – | hipertensiune arterială gravidică |
| ***PKU*** | *phenylketonuria* | – | fenilcetonurie |
| ***PLT*** | *platelet* | – | plachete |
| ***PM*** | *post meridiem (Lat.) = afternoon* | – | post-meridian, după-amiază |
| ***PM*** | *post mortem (Lat.) = after death* | – | post-mortem |
| ***PM*** | *petit mal* | – | petit mal |
| ***PMB*** | *post-menopausal bleeding* | – | hemoragie postmenopauză |
| ***PMD*** | *progressive muscular dystrophy* | – | distrofie musculară progresivă |
| ***PMH*** | *past medical history* | – | antecedente medicale |
| ***PMS*** | *premenstrual syndrome* | – | sindrom premenstrual |
| ***PN*** | *postnatal* | – | postnatal |
| ***PN*** | *periarteritis nodosa* | – | periarterită nodoasă |
| ***PND*** | *paroxysmal nocturnal dyspnoea* | – | dispnee paroxistică nocturnă |
| ***PNH*** | *paroxysmal nocturnal haemoglobinuria* | – | hemoglobinurie paroxistică nocturnă |
| ***PNS*** | *peripheral nervous system* | – | sistemul nervos periferic |
| ***Pnx*** | *pneumothorax* | – | pneumotorax |
| ***PO*** | *period of onset* | – | perioada de debut |
| ***PO*** | *per os (Lat.) = by mouth* | – | *per os* (lat.) = pe cale orală |
| ***$PO_2$*** | *oxygen tension or pressure* | – | presiunea oxigenului |
| ***Polio*** | *poliomyelitis* | – | poliomielită |
| ***Post-op*** | *postoperative* | – | postoperator |
| ***PP*** | *private patient* | – | pacient în sistem privat |
| ***PP*** | *private practice* | – | practică privată |
| ***PP*** | *post-partum* | – | post-partum |
| ***PPH*** | *post-partum haemorrhage* | – | hemoragie post-partum |
| ***PPSB*** | *prothrombin, proconvertin, Stuart factor, antihaemophilic B factor* | – | protrombina, proconvertina, factorul Stuart, factorul antihemofilic B |
| ***PR*** | *pulse rate* | – | puls (frecvenţa pulsului) |
| ***PR*** | *per rectum* | – | tuşeu rectal |
| ***PRACT*** | *practitioner* | – | medic |
| ***Prem*** | *premature* | – | prematur |
| ***PRF*** | *prolactin-releasing factor* | – | factorul eliberator de prolactină |
| ***PRN*** | *pro re nata (Lat.) = whenever necessary* | – | în caz de nevoie |
| ***PROM*** | *premature rupture of membranes* | – | ruptura prematură a membranelor |
| ***PS*** | *postscriptum* | – | post-scriptum |
| ***PS*** | *pulmonary stenosis* | – | stenoză pulmonară |
| ***PSA*** | *prostate specific antigen* | – | antigen specific prostatei |
| ***PT*** | *prothrombin time* | – | timpul de protrombină |
| ***PTD*** | *permanent total disability* | – | incapacitate permanentă totală |

| | | | |
|---|---|---|---|
| ***PTH*** | *parathormone (parathyroid hormone)* | – | parathormon (hormon paratiroidian) |
| ***PTT*** | *partial thromboplastin time* | – | timpul parţial de tromboplastină |
| ***PU*** | *peptic ulcer* | – | ulcer (gastroduodenal) |
| ***PUO*** | *pyrexia of unknown origin* | – | febră de origine necunoscută |
| ***PUVA*** | *psoralens and ultraviolet A (therapy)* | – | terapie cu ultraviolete A |
| ***PV*** | *portal vein* | – | vena portă |
| ***PV*** | *pulmonary vein* | – | vena pulmonară |
| ***PV*** | *per vaginam* | – | tuşeu vaginal |
| ***PV*** | *plasma volume* | – | volum plasmatic |
| ***PVT*** | *paroxysmal ventricular tachycardia* | – | tahicardie paroxistică ventriculară |
| ***qd*** | *quaque die (Lat.) = every day* | – | în fiecare zi |
| ***qds*** | *quater die sumendum (Lat.) = to be taken four times a day* | – | a se lua de patru ori pe zi |
| ***qid*** | *quater in die (Lat.) = four times a day* | – | de patru ori pe zi |
| ***RA*** | *rheumatoid arthritis* | – | poliartrită reumatoidă |
| ***RAST*** | *radio-allergosorbent test* | – | RAST (radio-allergosorbent test) |
| ***RBC*** | *red blood cell count* | – | globule roşii |
| ***RBN*** | *retrobulbar neuritis* | – | nevrită optică retrobulbară |
| ***RD*** | *retinal detachment* | – | desprindere de retină |
| ***RDS*** | *respiratory distress syndrome* | – | sindromul de detresă respiratorie acută a adultului |
| ***RE*** | *right eye* | – | ochiul drept |
| ***RF*** | *rheumatoid factor* | – | factor reumatoid |
| ***RF*** | *respiratory failure* | – | insuficienţă respiratorie |
| ***RF*** | *renal failure* | – | insuficienţă renală |
| ***RF*** | *rheumatic fever* | – | reumatism articular acut |
| ***RFA*** | *right frontoanterior (position of fetus)* | – | nazo-iliacă dreaptă anterioară (poziţia fetală) |
| ***RFP*** | *right frontoposterior* | – | nazo-iliacă dreaptă posterioară |
| ***RFT*** | *right frontotransverse* | – | nazo-iliacă dreaptă transversă |
| ***RH*** | *releasing hormone* | – | RH |
| ***Rh*** | *Rhesus* | – | factorul Rhesus |
| ***$Rh^+$*** | *Rhesus positive* | – | Rh pozitiv |
| ***$Rh^-$*** | *Rhesus negative* | – | Rh negativ |
| ***RHC*** | *right hypochondrium* | – | hipocondrul drept |
| ***Rheu Fev*** | *rheumatic fever* | – | reumatism articular acut (febră reumatismală) |
| ***RHF*** | *right heart failure* | – | insuficienţă cardiacă dreaptă |
| ***RIF*** | *right iliac fossa* | – | fosa iliacă dreaptă |
| ***RIH*** | *right inguinal hernia* | – | hernie inghinală dreaptă |
| ***RIP*** | *rest in peace* | – | decedat |
| ***RLL*** | *right lower lobe (of lung)* | – | lobul inferior drept (pulmonar) |

| | | | |
|---|---|---|---|
| ***RMA*** | *right mentoanterior (position of fetus)* | – | mento-iliacă dreaptă anterioară (poziţia fetală) |
| ***RML*** | *right middle lobe* | – | lobul mijlociu drept |
| ***RMP*** | *right mentoposterior* | – | mento-iliacă dreaptă posterioară |
| ***ROA*** | *right occipitoanterior* | – | occipito-iliacă dreaptă anterioară |
| ***ROM*** | *range of movement* | – | mobilitate |
| ***ROM*** | *rupture of membranes* | – | ruptura membranelor |
| ***ROP*** | *right occipitoposterior* | – | occipito-iliacă dreaptă posterioară |
| ***ROS*** | *review of systems* | – | semne funcţionale |
| ***ROT*** | *right occipitotranverse* | – | occipito-iliacă dreaptă transversă |
| ***RR*** | *respiratory rate* | – | frecvenţa respiratorie |
| ***RSA*** | *right sacroanterior* | – | sacro-iliacă dreaptă anterioară |
| ***RSL*** | *right sacrolateral* | – | sacro-iliacă dreaptă laterală |
| ***RSP*** | *right sacroposterior* | – | sacro-iliacă dreaptă posterioară |
| ***RST*** | *right sacrotransverse* | – | sacro-iliacă dreaptă transversă |
| ***RTA*** | *renal tubule acidosis* | – | acidoză renală tubulară |
| ***RTA*** | *road traffic accident* | – | accident rutier |
| ***RTI*** | *respiratory tract infection* | – | infecţie respiratorie |
| ***RU*** | *right upper* | – | superior drept |
| ***RV*** | *retroversion* | – | retroversie |
| ***RV*** | *right ventricle* | – | ventriculul drept |
| ***RV*** | *residual volume* | – | volum rezidual |
| ***RVH*** | *right ventricular hypertrophy* | – | hipertrofie ventriculară dreaptă |
| ***Rx*** | *prescription, treatment or therapy* | – | reţetă, tratament sau terapie |
| ***S*** | *single (marital status)* | – | necăsătorit |
| ***S*** | *sacral (vertebra...)* | – | sacrat (vertebră etc.) |
| ***S&A*** | *sugar and acetone* | – | zahăr şi acetonă |
| ***S1, S2, S3, S4*** | *first, second, third, and fourth heart sounds* | – | primul, al doilea, al treilea şi al patrulea zgomot cardiac |
| ***SAH*** | *subarachnoid haemorrhage* | – | hemoragie meningeală |
| ***SB*** | *shortness of breath* | – | dispnee |
| ***SB*** | *stillbirth* | – | mort la naştere |
| ***SC*** | *subcutaneous* | – | subcutanat |
| ***SD*** | *spontaneous delivery* | – | naştere spontană |
| ***SF*** | *scarlet fever* | – | scarlatină |
| ***SF*** | *synovial fluid* | – | lichid sinovial |
| ***SGOT*** | *serum glutamic oxalo-acetic transaminase* | – | glutamic oxalacetic transaminază serică |
| ***SGPT*** | *serum glutamic pyruvic transaminase* | – | glutamic piruvic transaminază serică |
| ***SH*** | *social history* | – | antecedente sociale, factori de risc |
| ***SH*** | *surgical history* | – | antecedente chirurgicale |
| ***SHO*** | *senior house officer* | – | intern (după primul an) |
| ***SI*** | *Système International (International System of Units)* | – | sistemul internaţional de unităţi |
| ***Sibs*** | *siblings* | – | fraţi şi surori |

| | | | |
|---|---|---|---|
| ***SIDS*** | *sudden infant death syndrome* | – | moartea subită a nou-născutului |
| ***SLE*** | *systemic lupus erythematosus* | – | lupus eritematos (acut) diseminat |
| ***SM*** | *systolic murmur* | – | suflu sistolic |
| ***SMA*** | *superior mesenteric artery* | – | artera mezenterică superioară |
| ***SNS*** | *sympathetic nervous system* | – | sistemul nervos simpatic |
| ***SOB*** | *shortness of breath* | – | dispnee |
| ***SQ*** | *subcutaneous* | – | subcutanat |
| ***SR*** | *systems review* | – | examinarea aparatelor şi sistemelor |
| ***SROM*** | *spontaneous rupture of the membranes* | – | ruptura spontană a membranelor |
| ***STD*** | *sexually transmitted disease* | – | boală cu transmitere sexuală |
| ***STH*** | *somatotrophic (growth) hormone* | – | hormonul somatotrop (de creştere) |
| ***Surg*** | *surgeon/surgical/surgery* | – | chirurg/chirurgical/chirurgie |
| ***SVC*** | *superior vena cava* | – | vena cavă superioară |
| ***SVD*** | *spontaneous vaginal delivery* | – | naştere spontană vaginală |
| ***SVT*** | *supraventricular tachycardia* | – | tahicardie supraventriculară |
| ***Sx*** | *symptoms or signs* | – | simptome sau semne |
| ***SY; Σ*** | *syphilis* | – | sifilis |
| ***T + P*** | *temperature and pulse* | – | temperatura şi pulsul |
| ***T&A*** | *tonsils and adenoids* | – | amigdale şi vegetaţii |
| $T_3$ | *triiodothyronine* | – | triiodotironină |
| $T_4$ | *thyroxine* | – | tiroxină |
| ***TAB*** | *typhoid, paratyphoid A and paratyphoid B (vaccine)* | – | vaccinul antitifoid şi antiparatifoid A şi B |
| ***Tab*** | *a tablet* | – | un comprimat |
| ***TABTD*** | *combine TAB vaccine, tetanus toxoid and diphtheria toxoid* | – | vaccinul antidifteric, antitetanic şi antiparatifoid A şi B |
| ***TB*** | *tuberculosis (or **Tb**)* | – | tuberculoză |
| ***TB*** | *tubercle bacillus* | – | bacilul Koch |
| ***TBG*** | *thyroxine-binding globulin* | – | TBG (thyroxine-binding globulin) |
| ***tbsp*** | *tablespoon* | – | lingură |
| ***TD*** | *temporary disability* | – | incapacitate temporară |
| ***TD*** | *total disability* | – | incapacitate totală |
| ***td*** | *ter die (Lat.) = three times daily* | – | de trei ori pe zi |
| ***TG*** | *triglyceride* | – | trigliceride |
| ***TI*** | *tricuspid insufficiency (incompetence)* | – | insuficienţă tricuspidiană |
| ***TIA*** | *transient ischaemia attack* | – | accident ischemic tranzitoriu |
| ***TIBC*** | *total iron-binding capacity* | – | capacitate totală de fixare |
| ***tid*** | *ter in die (Lat.) = three times daily* | – | de trei ori pe zi |
| ***TJ*** | *triceps jerk* | – | reflexul tricipital |
| ***TLC*** | *total lung capacity* | – | capacitate pulmonară totală (VR + CV) |
| ***TNM*** | *T (primary tumour) N (node) M (metastasis)* | – | tumoră primară, ganglioni regionali, metastaze |

| | | | |
|---|---|---|---|
| ***TORCH*** | *toxoplasma, other viruses, rubella, cytomegalovirus, and herpes virus* | – | toxoplasma, alţi viruşi, virusul rubeolei, citomegalovirusul şi virusul herpetic |
| ***TPCF*** | *Treponema pallidum complement fixation (test)* | – | testul de fixare a complementului pentru Treponema pallidum |
| ***TPHA*** | *Treponema pallidum hemagglutination test* | – | testul de hemaglutinare a Treponemei pallidum |
| ***TPI*** | *Treponema pallidum immobilization (test)* | – | testul Nelson |
| ***TR*** | *tricuspid regurgitation* | – | insuficienţă tricuspidiană |
| ***Treat*** | *treatment* | – | tratament |
| ***TRT*** | *treatment* | – | tratament |
| ***TS*** | *tricuspid stenosis* | – | stenoză tricuspidiană |
| ***TSH*** | *thyroid-stimulating (thyrotrophic) hormone* | – | hormonul stimulator tiroidian |
| ***tsp*** | *teaspoon* | – | linguriţă |
| ***TT*** | *thrombin time* | – | timpul de trombină |
| ***TTP*** | *thrombotic thrombocytopenic purpura* | – | purpură trombocitopenică trombotică |
| ***TURP*** | *transurethral resection of the prostate* | – | rezecţie transuretrală a prostatei |
| ***TX*** | *treatment* | – | tratament |
| ***U&L*** | *upper and lower* | – | superior şi inferior |
| ***U/I*** | *unidentified* | – | neidentificat |
| ***U/P*** | *concentration in urine and plasma* | – | concentraţia urinară şi plasmatică |
| ***UC*** | *urinary catheter* | – | sondă urinară |
| ***UC*** | *ulcerative colitis* | – | rectocolită ulcero-hemoragică |
| ***UCG*** | *urinary chorionic gonadotrophin* | – | gonadotrofină corionică urinară |
| ***Ucs*** | *unconscious* | – | inconştient |
| ***UG*** | *urogenital* | – | urogenital |
| ***UHT*** | *ultra high temperature* | – | temperatură foarte mare |
| ***ULN*** | *upper limits of normal* | – | limita superioară a normalului |
| ***UO*** | *urinary output* | – | diureză |
| ***UQ*** | *upper quadrant* | – | cadranul superior |
| ***UR*** | *upper respiratory* | – | respirator superior |
| ***UR*** | *urology* | – | urologie |
| ***URTI*** | *upper respiratory tract infection* | – | infecţia traiectului respirator superior |
| ***US*** | *ultrasound* | – | ultrasunete |
| ***USS*** | *ultrasound scanning* | – | ecografie |
| ***UT*** | *urinary tract* | – | traiectul urinar |
| ***UTI*** | *urinary tract infection* | – | infecţie urinară |
| ***UV*** | *ultraviolet* | – | ultraviolete |
| ***UVA*** | *ultraviolet light, long wave* | – | ultraviolete A |
| ***UVB*** | *ultraviolet light, midrange* | – | ultraviolete B |
| ***V-Z*** | *varicella-zoster* | – | varicela zoster |
| ***VA*** | *visual acuity* | – | acuitate vizuală |
| ***VC*** | *colour vision* | – | vedere colorată |

| | | | |
|---|---|---|---|
| ***VC*** | *vital capacity* | – | capacitate vitală |
| ***VD*** | *venereal disease* | – | boală venerică |
| ***VDRL*** | *Venereal Disease Research Laboratory (reference test)* | – | VDRL (Venereal Disease Research Laboratory [test]) |
| ***VE*** | *vaginal examination* | – | tuşeu vaginal |
| ***VEB*** | *ventricular ectopic beats* | – | extrasistole ventriculare |
| ***Vent fib*** | *ventricular fibrillation* | – | fibrilaţie ventriculară |
| ***VEP*** | *visual evoked potential* | – | potenţial vizual evocat |
| ***VES*** | *vessel* | – | vase |
| ***VF*** | *visual field* | – | câmp vizual |
| ***VF*** | *ventricular fibrillation* | – | fibrilaţie ventriculară |
| ***VF*** | *vocal fremitus* | – | vibraţii vocale |
| ***VH*** | *viral hepatitis* | – | hepatită virală |
| ***VIP*** | *very important person* | – | persoană foarte importantă |
| ***VIP*** | *vasoactive intestinal polypeptide* | – | polipeptidul vasoactiv intestinal |
| ***Vit*** | *vitamin* | – | vitamină |
| ***VLDL*** | *very low density lipoprotein* | – | lipoproteine cu densitate foarte mică |
| ***VMA*** | *vanillylmandelic acid* | – | acid vanililmandelic |
| ***VOD*** | *vision, right eye* | – | vederea cu ochiul drept |
| ***VP*** | *venous pressure* | – | presiunea venoasă |
| ***VPC*** | *ventricular premature contraction* | – | extrasistole ventriculare |
| ***VS*** | *vital sign* | – | semn vital |
| ***VS*** | *vesicular sound* | – | murmur vezicular |
| ***VSD*** | *ventricular septal defect* | – | defect septal interventricular |
| ***VT*** | *ventricular tachycardia* | – | tahicardie ventriculară |
| ***VU*** | *varicose ulcer* | – | ulcer varicos |
| ***VU*** | *very urgent* | – | foarte urgent |
| ***VUR*** | *vesicoureteric reflux* | – | reflux vezicoureteral |
| ***W*** | *water* | – | apă |
| ***W*** | *weight* | – | greutate |
| ***WB*** | *whole blood* | – | sângele total |
| ***WC*** | *whooping cough* | – | tuse convulsivă |
| ***Wd*** | *ward* | – | pază |
| ***WHO*** | *World Health Organization* | – | Organizaţia Mondială a Sănătăţii |
| ***wk*** | *week* | – | săptămână |
| ***WPW*** | *Wolff-Parkinson-White syndrome* | – | sindromul Wolff-Parkinson-White |
| ***WR*** | *Wassermann reaction* | – | reacţia Bordet-Wassermann |
| ***XR*** | *X-ray* | – | radiografie |
| ***XX*** | *normal female chromosome type* | – | cromozomul sexual feminin |
| ***XY*** | *normal male chromosome type* | – | cromozomul sexual masculin |
| ***y/o*** | *years old* | – | în vârstă de |
| ***Yd*** | *yard* | – | yard |
| ***ZE*** | *Zollinger-Ellison syndrome* | – | sindromul Zollinger-Ellison |

| *Anatomy* | | | *Anatomie* |
|---|---|---|---|
| ***Abd*** | *abdomen* | - | abdomen |
| ***Anat*** | *anatomy* | - | anatomie |
| ***ANS*** | *autonomic nervous system* | - | sistemul nervos autonom |
| ***Ant*** | *anterior* | - | anterior |
| ***AP*** | *anteroposterior* | - | antero-posterior |
| ***ASS*** | *anterior superior spine (of ilium) (or **Ant Sup Spine**)* | - | spina iliacă antero-superioară |
| ***AV*** | *aortic valve* | - | valva aortică |
| ***AVN*** | *atrioventricular node* | - | nodulul atrio-ventricular |
| ***B&J*** | *bone and joint* | - | os şi articulaţie |
| ***BV*** | *blood vessel* | - | vas sangvin |
| ***C1, C2...*** | *cervical vertebra No. 1, 2...* | - | vertebra cervicală nr. 1, 2... |
| $C_1$, $C_2$... | *first rib, second rib...* | - | prima coastă, a doua coastă... |
| ***CI, CII...*** | *cranial nerves I, II...* | - | nervii cranieni I, II... |
| ***CN*** | *cranial nerve* | - | nerv cranian |
| ***CNS*** | *central nervous system* | - | sistemul nervos central |
| ***CX*** | *cervix* | - | col (uterin) |
| ***D1, D2*** | *dorsal (thoracic) vertebra No. 1, 2...* | - | vertebra dorsală nr. 1, 2... |
| ***EAC*** | *external auditory canal* | - | conduct auditiv extern |
| ***GB*** | *gall bladder* | - | vezica biliară |
| ***IVC*** | *inferior vena cava* | - | vena cavă inferioară |
| ***JV*** | *jugular vein* | - | vena jugulară |
| ***KLS*** | *kidney, liver, spleen* | - | rinichi, ficat, splină |
| ***L1, L2*** | *lumbar vertebra No. 1, 2...* | - | vertebra lombară nr. 1, 2... |
| ***LHC*** | *left hypochondrium* | - | hipocondrul stâng |
| ***LIF*** | *left iliac fossa* | - | fosa iliacă stângă |
| ***lig*** | *ligament* | - | ligament |
| ***LKS*** | *liver, kidney, spleen* | - | ficat, rinichi, splină |
| ***LLL*** | *left lower lobe (of lung)* | - | lobul inferior stâng (pulmonar) |
| ***LS*** | *lumbosacral* | - | lombosacrat |
| ***LU*** | *left upper* | - | superior stâng |
| ***LUL*** | *left upper lobe (of lung)* | - | lobul superior stâng (pulmonar) |
| ***LV*** | *left ventricle* | - | ventriculul stâng |
| ***ME*** | *middle ear* | - | urechea medie |
| ***NIP*** | *nipple* | - | mamelon |
| ***NS*** | *nervous system* | - | sistemul nervos |
| ***OD*** | *oculus dexter (Lat.) = right eye* | - | ochiul drept |
| ***OL*** | *oculus laevus (Lat.) = left eye* | - | ochiul stâng |
| ***ON*** | *optic nerve* | - | nervul optic |
| ***Os*** | *bone (Lat.)* | - | os |
| ***Os*** | *mouth (Lat.)* | - | gură |
| ***PA*** | *pulmonary artery* | - | artera pulmonară |
| ***PM*** | *post mortem (Lat.) = after death* | - | post-mortem = autopsie |
| ***PNS*** | *peripheral nervous system* | - | sistemul nervos periferic |

| | | | |
|---|---|---|---|
| ***PV*** | *portal vein* | – | vena portă |
| ***PV*** | *pulmonary vein* | – | vena pulmonară |
| ***RE*** | *right eye* | – | ochiul drept |
| ***RHC*** | *right hypochondrium* | – | hipocondrul drept |
| ***RIF*** | *right iliac fossa* | – | fosa iliacă dreaptă |
| ***RIH*** | *right inguinal hernia* | – | hernie inghinală dreaptă |
| ***RLL*** | *right lower lobe (of lung)* | – | lobul inferior drept (pulmonar) |
| ***RML*** | *right middle lobe* | – | lobul mijlociu drept |
| ***RV*** | *right ventricle* | – | ventriculul drept |
| ***S*** | *sacral (vertebra...)* | – | sacrat (vertebră etc.) |
| ***SMA*** | *superior mesenteric artery* | – | artera mezenterică superioară |
| ***SNS*** | *sympathetic nervous system* | – | sistemul nervos simpatic |
| ***SVC*** | *superior vena cava* | – | vena cavă superioară |
| ***T&A*** | *tonsils and adenoids* | – | amigdale şi vegetaţii |
| ***VES*** | *vessel* | – | vase |
| ***VSD*** | *ventricular septal defect* | – | defect septal interventricular |

## *Anaesthesia and intensive care* — *Anestezie şi terapie intensivă*

| | | | |
|---|---|---|---|
| ***ABC*** | *airway, breathing, and circulation* | – | libertatea căilor aeriene |
| ***ARDS*** | *acute respiratory distress syndrome* | – | sindromul de detresă respiratorie acută a adultului |
| ***CA*** | *cardiac arrest* | – | stop cardiac |
| ***CCU*** | *coronary care unit* | – | serviciu de reanimare cardiacă |
| ***CPAP*** | *continuous positive airway pressure* | – | presiune pozitivă la nivelul suprafeţei aeriene pulmonare |
| ***CPR*** | *cardiopulmonary resuscitation* | – | resuscitare cardiopulmonară |
| ***CVP*** | *central venous pressure* | – | presiune venoasă centrală |
| ***GA*** | *general anaesthesia* | – | anestezie generală |
| ***IC*** | *intensive care* | – | reanimare, terapie intensivă |
| ***ICU*** | *intensive care unit* | – | serviciu de reanimare |
| ***LA*** | *local anaesthesia* | – | anestezie locală |
| ***PEEP*** | *positive end expiratory pressure* | – | presiunea pozitivă la sfârşitul perioadei de expir |
| ***RDS*** | *respiratory distress syndrome* | – | sindromul de detresă respiratorie acută a adultului |

## *Cardiology* — *Cardiologie*

| | | | |
|---|---|---|---|
| ***A&P*** | *auscultation and percussion* | – | auscultaţie şi percuţie |
| ***ABE*** | *acute bacterial endocarditis* | – | endocardită bacteriană acută |
| ***AF*** | *atrial fibrillation* | – | fibrilaţie atrială |
| ***AI*** | *aortic incompetence or insufficiency* | – | insuficienţă aortică |
| ***AS*** | *aortic stenosis (or **A Sten**)* | – | stenoză aortică |

| | | |
|---|---|---|
| ***ASD*** | *atrial septal defect* | – defect septal atrial |
| ***AV*** | *aortic valve* | – valva aortică |
| ***AVN*** | *atrioventricular node* | – nodulul atrio-ventricular |
| ***BBB*** | *bundle-branch block* | – bloc de ram |
| ***BP*** | *blood pressure* | – tensiunea arterială |
| ***CA*** | *cardiac arrest* | – stop cardiac |
| ***CCF*** | *congestive cardiac failure* | – insuficienţă cardiacă congestivă |
| ***CCU*** | *coronary care unit* | – serviciu de reanimare cardiacă |
| ***CF*** | *cardiac failure* | – insuficienţă cardiacă |
| ***CHB*** | *complete heart block* | – bloc complet |
| ***CI*** | *cardiac index* | – indice cardiac |
| ***CPK*** | *creatine phosphokinase* | – creatin fosfokinază |
| ***CTR*** | *cardiothoracic ratio* | – raport cardiotoracic |
| ***CV*** | *cardiovascular* | – cardiovascular |
| ***DM*** | *diastolic murmur* | – suflu diastolic |
| ***DVT*** | *deep venous thrombosis* | – tromboflebită |
| ***ECG*** | *electrocardiogram* | – electrocardiogramă |
| ***HBP*** | *high blood pressure* | – hipertensiune arterială |
| ***HJR*** | *hepatojugular reflux* | – reflux hepatojugular |
| ***HR*** | *heart rate* | – frecvenţa cardiacă |
| ***HS*** | *heart sounds* | – zgomotele cardiace |
| ***IC*** | *intracardiac* | – intracardiac |
| ***ICS*** | *intercostal space (or **IS**)* | – spaţiu intercostal |
| ***IV*** | *interventricular* | – interventricular |
| ***IVC*** | *inferior vena cava* | – vena cavă inferioară |
| ***JV*** | *jugular vein* | – vena jugulară |
| ***LAH*** | *left atrial hypertrophy* | – hipertrofie atrială stângă |
| ***LAH*** | *left anterior hemiblock* | – hemibloc anterior stâng |
| ***LBBB*** | *left bundle branch block* | – bloc de ram stâng |
| ***LBP*** | *low blood pressure* | – hipotensiune arterială |
| ***LDH*** | *lactate dehydrogenase* | – lactat dehidrogenază |
| ***LV*** | *left ventricle* | – ventriculul stâng |
| ***LVF*** | *left ventricular failure* | – insuficienţă ventriculară stângă |
| ***LVH*** | *left ventricular hypertrophy* | – hipertrofie ventriculară stângă |
| ***MI*** | *myocardial infarction* | – infarct miocardic |
| ***MI*** | *mitral incompetence (insufficiency)* | – insuficienţă mitrală |
| ***MS*** | *mitral stenosis* | – stenoză mitrală |
| ***MVP*** | *mitral valve prolapse* | – prolaps de valvă mitrală |
| ***P&A*** | *percussion and auscultation* | – percuţie şi auscultaţie |
| ***PA*** | *pulmonary artery* | – artera pulmonară |
| ***PAT*** | *paroxysmal atrial tachycardia* | – tahicardie atrială paroxistică |
| ***PDA*** | *patent ductus arteriosus* | – persistenţa canalului atrial |
| ***PE*** | *pulmonary embolism* | – embolie pulmonară |
| ***PI*** | *pulmonary incompetence* | – insuficienţă pulmonară |

| | | | |
|---|---|---|---|
| ***PIH*** | *pregnancy induced hypertension* | – | hipertensiune arterială gravidică |
| ***PND*** | *paroxysmal nocturnal dyspnoea* | – | dispnee paroxistică nocturnă |
| ***PR*** | *pulse rate* | – | puls (frecvenţa pulsului) |
| ***PS*** | *pulmonary stenosis* | – | stenoză pulmonară |
| ***PVT*** | *paroxysmal ventricular tachycardia* | – | tahicardie ventriculară paroxistică |
| ***RHF*** | *right heart failure* | – | insuficienţă cardiacă dreaptă |
| ***RV*** | *right ventricle* | – | ventriculul drept |
| ***RVH*** | *right ventricular hypertrophy* | – | hipertrofie ventriculară dreaptă |
| ***S1, S2, S3, S4*** | *first, second, third, and fourth heart sounds* | – | primul, al doilea, al treilea şi al patrulea zgomot cardiac |
| ***SM*** | *systolic murmur* | – | suflu sistolic |
| ***SOB*** | *shortness of breath* | – | dispnee |
| ***SVC*** | *superior vena cava* | – | vena cavă superioară |
| ***SVT*** | *supraventricular tachycardia* | – | tahicardie supraventriculară |
| ***TI*** | *tricuspid insufficiency (incompetence)* | – | insuficienţă tricuspidiană |
| ***TR*** | *tricuspid regurgitation* | – | insuficienţă tricuspidiană |
| ***TS*** | *tricuspid stenosis* | – | stenoză tricuspidiană |
| ***VEB*** | *ventricular ectopic beats* | – | extrasistole ventriculare |
| ***Vent fib*** | *ventricular fibrillation* | – | fibrilaţie ventriculară |
| ***VF*** | *ventricular fibrillation* | – | fibrilaţie ventriculară |
| ***VP*** | *venous pressure* | – | presiune venoasă |
| ***VPC*** | *ventricular premature contraction* | – | extrasistole ventriculare |
| ***VSD*** | *ventricular septal defect* | – | defect septal ventricular |
| ***VT*** | *ventricular tachycardia* | – | tahicardie ventriculară |
| ***WPW*** | *Wolff-Parkinson-White syndrome* | – | sindromul Wolff-Parkinson-White |

## *Medical record* — *Fişa medicală*

| | | | |
|---|---|---|---|
| ***A&P*** | *auscultation and percussion* | – | auscultaţie şi percuţie |
| ***A&W*** | *alive and well* | – | în viaţă şi sănătos |
| ***A/W*** | *in accordance with* | – | conform, în concordanţă cu |
| ***AB*** | *abortion* | – | avort |
| ***Abd*** | *abdomen* | – | abdomen |
| ***AM*** | *ante meridiem (Lat.) = before noon* | – | ante-meridian = înainte de prânz |
| ***Ant*** | *anterior* | – | anterior |
| ***Ante*** | *before* | – | înainte |
| ***AP*** | *anteroposterior* | – | antero-posterior |

| | | | |
|---|---|---|---|
| ***APGAR*** | *American Pediatric Gross Assessment Record* | – | American Pediatric Gross Assessment Record |
| ***Approx*** | *approximate/approximately* | – | aproximativ |
| ***Asym*** | *asymmetrical* | – | asimetric |
| ***B&J*** | *bone and joint* | – | os şi articulaţie |
| ***Bab*** | *Babinski (reflex)* | – | reflexul Babinski |
| ***bd*** | *bis die (Lat.) = twice a day* | – | de două ori pe zi |
| ***BNO*** | *bowels not opened* | – | absenţa scaunelor |
| ***BP*** | *blood pressure* | – | tensiunea arterială |
| ***BW*** | *birth weight (or **BWt**)* | – | greutatea la naştere |
| ***C/O*** | *check out* | – | examen de rutină |
| ***C/O*** | *complains of* | – | se plânge de... |
| ***CA*** | *carcinoma (or **Ca**)* | – | carcinom |
| ***Can*** | *cancer* | – | cancer |
| ***CCU*** | *coronary care unit* | – | serviciu de reanimare cardiacă |
| ***CF*** | *cystic fibrosis* | – | fibroză chistică |
| ***Cons*** | *consultant* | – | specialist |
| ***CV*** | *cardiovascular* | – | cardiovascular |
| ***D&V*** | *diarrhoea and vomiting* | – | diaree şi vomismente |
| ***DA*** | *drug addict* | – | persoană dependentă de droguri |
| ***DM*** | *diastolic murmur* | – | suflu diastolic |
| ***DNR*** | *do not resuscitate* | – | a nu resuscita |
| ***DOA*** | *dead on arrival* | – | mort la sosire |
| ***DOB*** | *date of birth* | – | data naşterii |
| ***DOE*** | *dyspnoea on exertion* | – | dispnee de efort |
| ***Dr*** | *doctor* | – | medic |
| ***DU*** | *duodenal ulcer* | – | ulcer duodenal |
| ***EN*** | *erythema nodosum* | – | eritem nodos |
| ***ENT*** | *ears, nose and throat* | | otorinolaringologie |
| ***FH*** | *family history* | – | antecedente heredocolaterale |
| ***FLK*** | *funny looking kid* | – | copil cu aspect ciudat |
| ***FROM*** | *full range of movement* | – | mişcări normale |
| ***FT*** | *full term* | – | naştere la termen |
| ***FTND*** | *full term normal delivery* | – | naştere normală la termen |
| ***FTT*** | *failure to thrive* | – | retard staturo-ponderal |
| ***GH*** | *general hospital* | – | spital |
| ***GI*** | *gastrointestinal* | – | gastrointestinal |
| ***GI, GII...*** | *number of previous pregnancies* | – | numărul sarcinilor precedente |
| ***GIT*** | *gastrointestinal tract* | – | tubul digestiv |
| ***GP*** | *general practitioner* | – | medic generalist |
| ***GU*** | *genitourinary* | – | genitourinar |
| ***H&L*** | *heart and lungs* | – | inimă şi plămâni |
| ***H&P*** | *history and physical (examination)* | – | semne funcţionale şi fizice (istoric şi examen) |
| ***H/O*** | *history of* | – | istoricul |
| ***HBP*** | *high blood pressure* | – | hipertensiune arterială |

| | | | |
|---|---|---|---|
| ***HJR*** | *hepatojugular reflux* | – | reflux hepatojugular |
| ***HO*** | *house officer* | – | intern (începând cu al doilea an de internat) |
| ***Hosp*** | *hospital* | – | spital |
| ***HPC*** | *history of present complaint* | – | istoricul bolii |
| ***HPI*** | *history of present illness* | – | istoricul bolii |
| ***HR*** | *heart rate* | – | frecvenţa cardiacă |
| ***HS*** | *heart sounds* | – | zgomotele cardiace |
| ***HT*** | *high temperature* | – | hipertermie |
| ***ht*** | *height* | – | înălţime (talie) |
| ***HW*** | *housewife* | – | casnică |
| ***Hx*** | *history* | – | istoric |
| ***I&O*** | *intake and output* | – | intrări şi ieşiri |
| ***ICS*** | *intercostal space* | – | spaţiu intercostal |
| ***ICU*** | *intensive care unit* | – | serviciu de reanimare şi terapie intensivă |
| ***ie*** | *id est (Lat.) = that is* | – | *id est* (lat.) = adică |
| ***IM*** | *intramuscular* | – | intramuscular |
| ***IPPA*** | *inspection, palpation, percussion, auscultation* | – | inspecţie, palpare, percuţie, auscultaţie |
| ***IS*** | *intercostal space* | – | spaţiu intercostal |
| ***IV*** | *intravenous/intravenously* | – | intravenos/pe cale intravenoasă |
| ***KJ*** | *knee jerk* | – | reflexul rotulian |
| ***KLS*** | *kidney, liver, spleen* | – | rinichi, ficat, splină |
| ***L&W*** | *living and well* | – | în viaţă şi sănătos |
| ***LBP*** | *low back pain* | – | durere dorsală inferioară |
| ***LHC*** | *left hypochondrium* | – | hipocondrul stâng |
| ***LIF*** | *left iliac fossa* | – | fosa iliacă stângă |
| ***LKS*** | *liver, kidney, spleen* | – | ficat, rinichi, splină |
| ***LL*** | *left lower* | – | inferior stâng |
| ***LLL*** | *left lower lobe (of lung)* | – | lobul inferior stâng (pulmonar) |
| ***LMP*** | *last menstrual period* | – | data ultimului ciclu menstrual |
| ***LS*** | *lumbosacral* | – | lombosacrat |
| ***LU*** | *left upper* | – | superior stâng |
| ***LUL*** | *left upper lobe (of lung)* | – | lobul superior stâng (pulmonar) |
| ***MD*** | *Doctor of Medicine* | – | medic, doctor în medicină |
| ***MD*** | *Medical Department* | – | serviciu de medicină |
| ***N*** | *nodules* | – | ganglioni |
| ***N*** | *normal* | – | normal |
| ***N&V*** | *nausea and vomiting* | – | senzaţie de greaţă şi vomismente |
| ***NAD*** | *nothing abnormal detected* | – | nimic anormal semnalat |
| ***NAI*** | *non-accidental injury* | – | sindromul Silverman (la copiii agresaţi) |
| ***NB*** | *newborn* | – | nou-născut |
| ***NFTD*** | *normal full term delivery* | – | naştere normală la termen |
| ***nyst*** | *nystagmus* | – | nistagmus |

| | | | |
|---|---|---|---|
| ***O&C*** | *onset and course (of a disease)* | – | debut şi evoluţie (ale unei boli) |
| ***OBS*** | *obstetrics* | – | obstetrică |
| ***OD*** | *overdose* | – | supradoză medicamentoasă |
| ***OE*** | *on examination* | – | la examinare |
| ***OPD*** | *Outpatient Department* | – | Serviciu de consultaţii externe |
| ***OPH*** | *ophthalmology* | – | oftalmologie |
| ***P&A*** | *percussion and auscultation* | – | percuţie şi auscultaţie |
| ***Paed*** | *paediatrics* | – | pediatrie |
| ***PC*** | *present complaint* | – | motivele prezentării |
| ***Per*** | *by ; through* | – | pe, prin |
| ***PERLA*** | *pupils equal, react to light and accommodation* | – | pupile egale, reactive la lumină şi acomodare |
| ***PH*** | *past history* | – | antecedente |
| ***PM*** | *post meridiem (Lat.) = afternoon* | – | post-meridian, după-amiază |
| ***PMH*** | *past medical history* | – | antecedente medicale personale |
| ***PO*** | *period of onset* | – | perioada de debut |
| ***PO*** | *per os (Lat.) = by mouth* | – | *per os* (lat.) = pe gură, pe cale orală |
| ***Post-op*** | *postoperative* | – | postoperator |
| ***PP*** | *private patient* | – | pacient în sistem privat |
| ***PP*** | *private practice* | – | practică privată |
| ***PR*** | *pulse rate* | – | puls (frecvenţa pulsului) |
| ***PR*** | *per rectum* | – | tuşeu rectal |
| ***PRACT*** | *practitioner* | – | medic |
| ***Prem*** | *premature* | – | prematur |
| ***PRN*** | *pro re nata (Lat.) = whenever necessary* | – | la nevoie |
| ***PS*** | *postscriptum* | – | post-scriptum |
| ***PV*** | *per vaginam* | – | tuşeu vaginal |
| ***qd*** | *quaque die (Lat.) = every day* | – | în fiecare zi |
| ***qds*** | *quater die sumendum (Lat.) = to be taken four times a day* | – | a se lua de patru ori pe zi |
| ***qid*** | *quater in die (Lat.) = four times a day* | – | de patru ori pe zi |
| ***RHC*** | *right hypochondrium* | – | hipocondrul drept |
| ***RIF*** | *right iliac fossa* | – | fosa iliacă dreaptă |
| ***RIH*** | *right inguinal hernia* | – | hernie inghinală dreaptă |
| ***RIP*** | *rest in peace* | – | decedat |
| ***ROM*** | *range of movement* | – | mobilitate |
| ***ROS*** | *review of systems* | – | semne funcţionale |
| ***RR*** | *respiratory rate* | – | frecvenţa respiratorie |
| ***RTA*** | *road traffic accident* | – | accident de circulaţie |
| ***RU*** | *right upper* | – | superior drept |
| ***Rx*** | *prescription, treatment or therapy* | – | tratament |
| ***S*** | *single (marital status)* | – | necăsătorit |
| ***SB*** | *shortness of breath* | – | dispnee |
| ***SC*** | *subcutaneous* | – | subcutanat |

| | | | |
|---|---|---|---|
| ***SH*** | *social history* | – | antecedente sociale |
| ***SH*** | *surgical history* | – | antecedente chirurgicale |
| ***SHO*** | *senior house officer* | – | intern (la sfârşitul primului an de internat) |
| ***Sibs*** | *siblings* | – | fraţi şi surori |
| ***SIDS*** | *sudden infant death syndrome* | – | moartea subită a nou-născutului |
| ***SM*** | *systolic murmur* | – | suflu sistolic |
| ***SQ*** | *subcutaneous* | – | subcutanat |
| ***SR*** | *systems review* | – | examinarea aparatelor şi sistemelor |
| ***Surg*** | *surgeon/surgical/surgery* | – | chirurg/chirurgical/chirurgie |
| ***SVD*** | *spontaneous vaginal delivery* | – | naştere spontană |
| ***Sx*** | *symptoms or signs* | – | simptome sau semne |
| ***T + P*** | *temperature and pulse* | – | temperatura şi pulsul |
| ***Tab*** | *a tablet* | – | un comprimat |
| ***tbsp*** | *tablespoon* | – | lingură |
| ***td*** | *ter die (Lat.) = three times daily* | – | de trei ori pe zi |
| ***tid*** | *ter in die (Lat.) = three times daily* | – | de trei ori pe zi |
| ***TJ*** | *triceps jerk* | – | reflexul tricipital |
| ***Treat*** | *treatment* | – | tratament |
| ***TRT*** | *treatment* | – | tratament |
| ***tsp*** | *teaspoon* | – | linguriţă |
| ***TX*** | *treatment* | – | tratament |
| ***U&L*** | *upper and lower* | – | superior şi inferior |
| ***U/I*** | *unidentified* | – | neidentificat |
| ***Ucs*** | *unconscious* | – | inconştient |
| ***UG*** | *urogenital* | – | urogenital |
| ***UQ*** | *upper quadrant* | – | cadranul superior |
| ***UR*** | *urology* | – | urologie |
| ***VE*** | *vaginal examination* | – | tuşeu vaginal |
| ***VF*** | *vocal fremitus* | – | vibraţia vocalică |
| ***VIP*** | *very important person* | – | persoană foarte importantă |
| ***VS*** | *vesicular sound* | – | murmur vezicular |
| ***W*** | *weight* | – | greutate |
| ***wk*** | *week* | – | săptămână |
| ***y/o*** | *years old* | – | în vârstă de |

## *Endocrinology* — *Endocrinologie*

| | | | |
|---|---|---|---|
| ***ACTH*** | *adrenocorticotrophic hormone* | – | hormonul adrenocorticotrop (hipofizar) |
| ***ADH*** | *antidiuretic hormone* | – | hormonul antidiuretic |
| ***APUD*** | *amine precursor uptake and decarboxylation* | – | sistemul APUD |
| ***BS*** | *blood sugar* | – | glicemie |

| | | | |
|---|---|---|---|
| ***DI*** | *diabetes insipidus* | – | diabet insipid |
| ***DM*** | *diabetes mellitus* | – | diabet zaharat |
| ***FBS*** | *fasting blood sugar* | – | glicemia *à jeun* |
| ***FSH*** | *follicle stimulating hormone* | – | hormonul foliculostimulant |
| ***FTI*** | *free thyroxine index* | – | indicele de tiroxină liberă |
| ***FTT*** | *failure to thrive* | – | retard staturo-ponderal |
| ***GH*** | *growth hormone* | – | hormonul de creştere |
| ***GTT*** | *glucose tolerance test* | – | test de toleranţă la glucoză |
| ***HDL*** | *high density lipoprotein* | – | lipoproteine cu densitate mare |
| ***IDDM*** | *insulin-dependent diabetes mellitus* | – | diabet insulino-dependent |
| ***LDL*** | *low density lipoprotein* | – | lipoproteine cu densitate mică |
| ***LH*** | *luteinizing hormone* | – | hormonul luteinizant |
| ***NDI*** | *nephrogenic diabetes insipidus* | – | diabet insipid nefrogen |
| ***NIDDM*** | *non insulin-dependent diabetes mellitus* | – | diabet non-insulino-dependent |
| ***OGTT*** | *oral glucose tolerance test* | – | testul oral de toleranţă la glucoză |
| ***PRF*** | *prolactin-releasing factor* | – | factorul de eliberare a prolactinei |
| ***PTH*** | *parathormone (parathyroid hormone)* | – | parathormon (hormonul paratiroidian) |
| ***RH*** | *releasing hormone* | – | RH |
| ***S&A*** | *sugar and acetone* | – | zahăr şi acetonă |
| ***STH*** | *somatotrophic (growth) hormone* | – | hormonul somatotrop (de creştere) |
| $T_3$ | *triiodothyronine* | – | triiodotironină |
| $T_4$ | *thyroxine* | – | tiroxină |
| ***TBG*** | *thyroxine-binding globulin* | – | TBG (thyroxine-binding globulin) |
| ***TG*** | *triglyceride* | – | triglicerid |
| ***TSH*** | *thyroid-stimulating (thyrotrophic) hormone* | – | hormonul stimulator tiroidian |
| ***VLDL*** | *very low density lipoprotein* | – | lipoproteine cu densitate foarte mică |

## *Investigations* — *Explorări*

| | | | |
|---|---|---|---|
| ***Ab*** | *antibody* | – | anticorpi |
| ***ACTH*** | *adrenocorticotrophic hormone* | – | hormonul adrenocorticotrop |
| ***ADH*** | *antidiuretic hormone* | – | hormonul antidiuretic |
| ***AFB*** | *acid-fast bacillus* | – | bacil alcoolo-acidorezistent |
| ***αFP*** | *alpha-fetoprotein* | – | alfa fetoproteină |
| ***Ag*** | *antigen* | – | antigen |
| ***Alb*** | *albumin* | – | albumină |
| ***ALP*** | *alkaline phosphatase (AP)* | – | fosfatază alcalină |
| ***ALT*** | *alanine aminotransferase* | – | glutamic piruvic transaminază |
| ***ANF*** | *antinuclear factors* | – | factori antinucleari |
| ***APTT*** | *activated partial thromboplastin time* | – | timpul de tromboplastină activată parţial |

| | | | |
|---|---|---|---|
| ***APUD*** | *amine precursor uptake and decarboxylation* | – | sistemul APUD |
| ***AST*** | *aspartate aminotransferase* | – | glutamic oxalacetic transaminază |
| ***ASTO*** | *antistreptolysin-O* | – | antistreptolizina O |
| ***ATP*** | *adenosine triphosphate* | – | adenozin trifosfat |
| ***BaE*** | *barium enema* | – | lavaj baritat |
| ***BaM*** | *barium meal* | – | tranzit baritat |
| ***BE*** | *base excess* | – | exces de baze |
| ***Bili*** | *bilirubin* | – | bilirubină |
| ***Bl cult*** | *blood culture* | – | hemocultură |
| ***BS*** | *blood sugar* | – | glicemie |
| ***C&S*** | *culture and sensitivity* | – | cultură şi antibiogramă |
| ***CAT SCAN*** | *Computerized Axial Tomography* | – | computer tomograf |
| ***CEA*** | *carcinoembryonic antigen* | – | antigen carcinoembrionar |
| ***CMV*** | *cytomegalovirus* | – | citomegalovirus |
| ***CO*** | *carbon monoxide* | – | monoxid de carbon |
| ***$CO_2$*** | *carbon dioxide* | – | dioxid de carbon |
| ***COHb*** | *carboxyhaemoglobin* | – | carboxihemoglobină |
| ***CPK*** | *creatine phosphokinase* | – | creatin fosfokinază |
| ***CRP*** | *C-reactive protein* | – | proteina C reactivă |
| ***CSF*** | *cerebrospinal fluid* | – | lichid cefalorahidian |
| ***CT*** | *clotting time* | – | timp de coagulare |
| ***CX*** | *chest X-ray* | – | radiografie pulmonară |
| ***DIC*** | *disseminated intravascular coagulopathy or coagulation* | – | coagulare intravasculară diseminată |
| ***DNA*** | *deoxyribonucleic acid* | – | acid dezoxiribonucleic |
| ***E coli*** | *Escherichia coli* | – | Escherichia coli |
| ***EBV*** | *Epstein-Barr virus* | – | virusul Epstein-Barr |
| ***ECG*** | *electrocardiogram* | – | electrocardiogramă |
| ***ELISA*** | *enzyme-linked immunoadsorbent assay* | – | ELISA (enzyme-linked immunoadsorbent assay) |
| ***EMG*** | *electromyograph/electromyogram* | – | electromigrografie/electromiogramă |
| ***ERCP*** | *endoscopic retrograde cholangiopancreatographic (examination)* | – | colangiopancreatografie retrogradă endoscopică |
| ***ESR*** | *erythrocyte sedimentation rate* | – | viteza de sedimentare a hematiilor |
| ***FA*** | *fatty acid* | – | acizi graşi |
| ***FBC*** | *full blood count* | – | formula sangvină |
| ***FBS*** | *fasting blood sugar* | – | glicemia *à jeun* |
| ***FDP*** | *fibrin degradation product* | – | produs de degradare a fibrinogenului |
| ***FFP*** | *fresh frozen plasma* | – | plasmă proaspătă congelată |
| ***$FIO_2$*** | *fractional inspiratory oxygen* | – | concentraţia de oxigen în aerul inspirat |
| ***FOB*** | *faecal occult blood* | – | sânge ocult în fecale (melenă) |

| | | | |
|---|---|---|---|
| ***FSH*** | *follicle stimulating hormone* | – | hormonul foliculostimulant |
| ***FTA*** | *fluorescent treponemal antibody* | – | testul de identificare a Treponemei pallidum prin imunofluorescenţă |
| ***FTA-ABS*** | *fluorescent treponemal anti-body-absorption (test)* | – | testul de identificare a Treponemei pallidum prin imunofluorescenţă prin absorbţie |
| ***FTI*** | *free thyroxine index* | – | indicele de tiroxină liberă |
| ***GH*** | *growth hormone* | – | hormonul de creştere |
| ***GNB*** | *Gram-negative bacilli* | – | bacil Gram negativ |
| ***GTT*** | *glucose tolerance test* | – | testul de toleranţă la glucoză |
| ***Hb*** | *haemoglobin* | – | hemoglobină |
| $HbO_2$ | *oxyhaemoglobin* | – | oxihemoglobină |
| ***HCG*** | *human chorionic gonadotrophin* | – | gonadotrofină corionică umană |
| $HCO_3$ | *bicarbonate ion* | – | ionul bicarbonat |
| ***Hct*** | *haematocrit* | – | hematocrit |
| ***HDL*** | *high density lipoprotein* | – | lipoproteine cu densitate mare |
| ***HLA*** | *histocompatibility locus antigen* | – | antigen de histocompatibilitate |
| ***HVG*** | *host versus graft (response)* | – | răspunsul gazdei faţă de grefă |
| ***IC*** | *intracellular* | – | intracelular |
| ***IC*** | *immune complex* | – | complex imun |
| ***ICT*** | *indirect Coombs's test* | – | testul Coombs indirect |
| ***IE*** | *immunoelectrophoresis* | – | imunoelectroforeză |
| ***IF*** | *immunofluorescence* | – | imunofluorescenţă |
| ***Ig*** | *immunoglobulin (IgA, D, E, G, M)* | – | imunoglobulină (IgA, D, E, G, M) |
| ***IU*** | *international unit* | – | unitate internaţională |
| ***IVP*** | *intravenous pyelogram* | – | urografie intravenoasă |
| ***LDH*** | *lactate dehydrogenase* | – | dactat dehidrogenază |
| ***LDL*** | *low density lipoprotein* | – | lipoproteine cu densitate mică |
| ***LFT*** | *liver function test* | – | explorări funcţionale hepatice |
| ***LH*** | *luteinizing hormone* | – | hormonul luteinizant |
| ***LP*** | *lumbar puncture* | – | puncţie lombară |
| ***MCH*** | *mean corpuscular haemoglobin* | – | valoarea medie a corpusculilor în hemoglobină |
| ***MCHC*** | *mean corpuscular haemoglobin concentration* | – | concentraţia medie a corpusculilor în hemoglobină |
| ***MCV*** | *mean corpuscular volume* | – | volumul mediu al globulelor |
| ***MIC*** | *minimal inhibitory concentration* | – | concentraţia minimă inhibitorie |
| ***misc*** | *miscellaneous* | – | diverse |
| ***MPS*** | *mucopolysaccharide* | – | mucopolizaharide |
| ***MSU*** | *mid-stream urine specimen* | – | probă de urină/examenul citobacteriologic al urinei |
| ***NBTS*** | *National Blood Transfusion Service* | – | Centrul Naţional de Transfuzii |

| | | | |
|---|---|---|---|
| ***NMR*** | *nuclear magnetic resonance* | – | rezonanţă magnetică nucleară |
| ***O&P*** | *ova and parasites* | – | ouă şi paraziţi |
| ***OGTT*** | *oral glucose tolerance test* | – | testul oral de toleranţă la glucoză |
| ***PAF*** | *platelet aggregation factor* | – | factorul de agregare plachetară |
| ***$PaO_2$*** | *arterial partial pressure of oxygen* | – | presiunea arterială parţială a oxigenului |
| ***PC*** | *packed cells* | – | concentrat plachetar |
| ***$PCO_2$*** | *carbon dioxide pressure* | – | presiunea parţială a dioxidului de carbon |
| ***PCV*** | *packed cell volume* | – | hematocrit |
| ***PEF*** | *peak expiratory flow* | – | debitul expirator maxim |
| ***PFA*** | *plain film of the abdomen* | – | radiografie abdominală *à jeun* |
| ***PFT*** | *pulmonary function test* | – | explorări funcţionale respiratorii |
| ***pH*** | *symbol for expression of hydrogen ion concentration* | – | simbolul concentraţiei de ioni de hidrogen |
| ***PLT*** | *platelet* | – | plachete |
| ***$PO_2$*** | *oxygen tension or pressure* | – | presiunea oxigenului |
| ***PPSB*** | *prothrombin, proconvertin, Stuart factor, antihaemophilic B factor* | – | protrombina, proconvertina, factorul Stuart, factorul antihemofilic B |
| ***PRF*** | *prolactin-releasing factor* | – | factorul eliberator de prolactină |
| ***PSA*** | *prostate specific antigen* | – | antigenul specific al prostatei |
| ***PT*** | *prothrombin time* | – | timpul de protrombină |
| ***PTH*** | *parathormone (parathyroid hormone)* | – | parathormon (hormonul paratiroidian) |
| ***PTT*** | *partial thromboplastin time* | – | timpul parţial de tromboplastină |
| ***PV*** | *plasma volume* | – | volum plasmatic |
| ***RAST*** | *radio-allergosorbent test* | – | RAST (radio-allergosorbent test) |
| ***RBC*** | *red blood cell count* | – | globule roşii |
| ***RF*** | *rheumatoid factor* | – | factorul reumatoid |
| ***RH*** | *releasing hormone* | – | RH |
| ***Rh*** | *Rhesus* | – | factor Rhesus |
| ***$Rh^+$*** | *Rhesus positive* | – | Rh pozitiv |
| ***$Rh^-$*** | *Rhesus negative* | – | Rh negativ |
| ***RV*** | *residual volume* | – | volum rezidual |
| ***S&A*** | *sugar and acetone* | – | zahăr şi acetonă |
| ***SGOT*** | *serum glutamic oxalo-acetic transaminase* | – | glutamic oxalacetic transaminază |
| ***SGPT*** | *serum glutamic pyruvic transaminase* | – | glutamic piruvic transaminază |
| ***SI*** | *Système International (International System of Units)* | – | sistemul internaţional de unităţi |
| ***STH*** | *somatotrophic (growth) hormone* | – | hormonul somatotrop (de creştere) |
| ***$T_3$*** | *triiodothyronine* | – | triiodotironină |
| ***$T_4$*** | *thyroxine* | – | tiroxină |
| ***TB*** | *tubercle bacillus* | – | bacilul Koch |
| ***TBG*** | *thyroxine-binding globulin* | – | TBG (thyroxine-binding globulin) |
| ***TG*** | *triglyceride* | – | triglicerid |

| | | | |
|---|---|---|---|
| ***TIBC*** | *total iron-binding capacity* | – | capacitatea totală de fixare a fierului |
| ***TLC*** | *total lung capacity* | – | capacitate pulmonară totală (VR + CV) |
| ***TORCH*** | *toxoplasma, other viruses, rubella, cytomegalovirus, and herpes virus* | – | toxoplasmoza, alţi viruşi, virusul rubeolei, citomegalovirusul şi virusul herpetic |
| ***TPCF*** | *Treponema pallidum complement fixation (test)* | – | testul de fixare a complementului pentru Treponema pallidum |
| ***TPHA*** | *Treponema pallidum hemagglutination test* | – | testul de hemaglutinare a Treponemei pallidum |
| ***TPI*** | *Treponema pallidum immobilization (test)* | – | testul Nelson |
| ***TSH*** | *thyroid-stimulating (thyrotrophic) hormone* | – | hormonul stimulator tiroidian |
| ***TT*** | *thrombin time* | – | timpul de trombină |
| ***U/I*** | *unidentified* | – | neidentificat |
| ***U/P*** | *concentration in urine and plasma* | – | concentraţia urinară şi plasmatică |
| ***UCG*** | *urinary chorionic gonadotrophin* | – | gonadotrofină corionică urinară |
| ***ULN*** | *upper limits of normal* | – | limita superioară a normalului |
| ***US*** | *ultrasound* | – | ultrasunet |
| ***USS*** | *ultrasound scanning* | – | ecografie |
| ***VC*** | *vital capacity* | – | capacitate vitală |
| ***VDRL*** | *Venereal Disease Research Laboratory (reference test)* | – | VDRL (Venereal Disease Research Laboratory [test]) |
| ***VEP*** | *visual evoked potential* | – | potenţial vizual evocat |
| ***VIP*** | *vasoactive intestinal polypeptide* | – | polipeptidul vasoactiv intestinal |
| ***VLDL*** | *very low density lipoprotein* | – | lipoproteine cu densitate foarte scăzută |
| ***VMA*** | *vanillylmandelic acid* | – | acid vanililmandelic |
| ***WB*** | *whole blood* | – | sângele total |
| ***WR*** | *Wassermann reaction* | – | reacţia Bordet-Wassermann |
| ***XR*** | *X-ray* | – | radiografie |
| ***XX*** | *normal female chromosome type* | – | cromozomul sexual feminin |
| ***XY*** | *normal male chromosome type* | – | cromozomul sexual masculin |

## *Gastroenterology* — *Gastroenterologie*

| | | | |
|---|---|---|---|
| ***AA*** | *Alcoholics Anonymous* | – | Alcoolicii Anonimi |
| ***Abd*** | *abdomen* | – | abdomen |
| ***αFP*** | *alpha-fetoprotein* | – | alfa fetoproteină |
| ***ALP*** | *alkaline phosphatase (AP)* | – | fosfatază alcalină |
| ***ALT*** | *alanine aminotransferase* | – | glutamic piruvic transaminază |
| ***APUD*** | *amine precursor uptake and decarboxylation* | – | sistemul APUD |
| ***AST*** | *aspartate aminotransferase* | – | glutamic oxalacetic transaminază |
| ***BaE*** | *barium enema* | – | lavaj baritat |

| | | | |
|---|---|---|---|
| ***BaM*** | *barium meal* | – | tranzit baritat |
| ***Bili*** | *bilirubin* | – | bilirubină |
| ***BNO*** | *bowels not opened* | – | absenţa scaunelor |
| ***CEA*** | *carcinoembryonic antigen* | – | antigen carcinoembrionar |
| ***CF*** | *cystic fibrosis* | – | fibroză chistică |
| ***D&V*** | *diarrhoea and vomiting* | – | diaree şi vomismente |
| ***DU*** | *duodenal ulcer* | – | ulcer duodenal |
| ***ERCP*** | *endoscopic retrograde cholangio-pancreatographic (examination)* | – | colangiopancreatografie retrogradă endoscopică |
| ***FOB*** | *faecal occult blood* | – | sânge ocult în fecale (melenă) |
| ***GB*** | *gall bladder* | – | vezica biliară |
| ***GI*** | *gastrointestinal* | – | gastrointestinal |
| ***GIT*** | *gastrointestinal tract* | – | tubul digestiv |
| ***GU*** | *gastric ulcer* | – | ulcer gastric |
| ***IBS*** | *irritable bowel syndrome* | – | sindromul de colon iritabil |
| ***LFT*** | *liver function test* | – | explorări funcţionale hepatice |
| ***LHC*** | *left hypochondrium* | – | hipocondrul stâng |
| ***LIF*** | *left iliac fossa* | – | fosa iliacă stângă |
| ***N&V*** | *nausea and vomiting* | – | senzaţie de greaţă şi vomismente |
| ***PBC*** | *primary biliary cirrhosis* | – | ciroză hepatică primară |
| ***PFA*** | *plain film of the abdomen* | – | radiografie abdominală |
| ***PR*** | *per rectum* | – | tuşeu rectal |
| ***PU*** | *peptic ulcer* | – | ulcer peptic |
| ***RHC*** | *right hypochondrium* | – | hipocondrul drept |
| ***RIF*** | *right iliac fossa* | – | fosa iliacă dreaptă |
| ***RIH*** | *right inguinal hernia* | – | hernie inghinală dreaptă |
| ***SGOT*** | *serum glutamic oxalo-acetic transaminase* | – | glutamic oxalacetic transaminază serică |
| ***SGPT*** | *serum glutamic pyruvic transaminase* | – | glutamic piruvic transaminază serică |
| ***UC*** | *ulcerative colitis* | – | rectocolită ulcero-hemoragică |
| ***VH*** | *viral hepatitis* | – | hepatită virală |
| ***VIP*** | *vasoactive intestinal polypeptide* | – | polipeptidul vasoactiv intestinal |
| ***ZE*** | *Zollinger-Ellison syndrome* | – | sindromul Zollinger-Ellison |

## *Gynaecology and obstetrics* — *Obstetrică şi ginecologie*

| | | | |
|---|---|---|---|
| ***AB*** | *abortion* | – | avort |
| ***AF*** | *amniotic fluid* | – | lichid amniotic |
| ***AI*** | *artificial insemination* | – | inseminare artificială |
| ***AN*** | *antenatal* | – | prenatal |
| ***APGAR*** | *American Pediatric Gross Assessment Record* | – | American Pediatric Gross Assessment Record |
| ***APH*** | *ante-partum hemorrhage* | – | hemoragie ante-partum |
| ***ARM*** | *artificial rupture of the membranes* | – | ruptura artificială a membranelor |
| ***BPD*** | *biparietal diameter* | – | diametrul biparietal |

| | | | |
|---|---|---|---|
| ***BW*** | *birth weight (or **BWt**)* | – | greutatea la naştere |
| ***CS*** | *caesarean section* | – | cezariană |
| ***CTG*** | *cardiotocography* | – | cardiotocografie |
| ***CX*** | *cervix* | – | col (uterin) |
| ***D&C*** | *dilatation and curettage* | – | chiuretaj |
| ***EDD*** | *expected date of delivery* | – | data probabilă a naşterii |
| ***EP*** | *ectopic pregnancy* | – | sarcină extrauterină |
| ***FD*** | *forceps delivery* | – | naştere cu ajutorul forcepsului |
| ***FDIU*** | *fetal death in utero* | – | moarte fetală intrauterină |
| ***FH*** | *fetal heart* | – | inima fătului |
| ***FMP*** | *first menstrual period* | – | data primei menstruaţii |
| ***FSH*** | *follicle stimulating hormone* | – | hormonul foliculostimulant |
| ***FT*** | *full term* | – | naştere la termen |
| ***FTND*** | *full term normal delivery* | – | naştere normală la termen |
| ***GI, GII...*** | *number of previous pregnancies* | – | numărul sarcinilor precedente |
| ***GU*** | *genitourinary* | – | genitourinar |
| ***HCG*** | *human chorionic gonadotrophin* | – | gonadotrofină corionică umană |
| ***IU*** | *intrauterine* | – | intrauterin |
| ***IU(C)D*** | *intrauterine (contraceptive) device* | – | sterilet |
| ***IUGR*** | *intrauterine growth retardation* | – | retard de creştere intrauterină |
| ***LBW*** | *low birth weight* | – | greutate mică la naştere |
| ***LFA*** | *left frontoanterior (position of fetus)* | – | nazo-iliacă stângă anterioară (poziţia fetală) |
| ***LH*** | *luteinizing hormone* | – | hormonul luteinizant |
| ***LMA*** | *left mentoanterior (position of fetus)* | – | mento-iliacă stângă anterioară (poziţia fetală) |
| ***LMP*** | *last menstrual period* | – | data ultimei menstruaţii |
| ***LMP*** | *left mentoposterior* | – | mento-iliacă stângă posterioară |
| ***LMT*** | *left mentotransverse* | – | mento-iliacă stângă transversă |
| ***LOA*** | *left occipitoanterior* | – | occipito-iliacă stângă anterioară |
| ***LOP*** | *left occipitoposterior* | – | occipito-iliacă stângă posterioară |
| ***LOT*** | *left occipitotransverse* | – | occipito-iliacă stângă transversă |
| ***LSA*** | *left sacroanterior* | – | sacro-iliacă stângă anterioară |
| ***LSL*** | *left sacrolateral* | – | sacro-iliacă stângă laterală |
| ***LSP*** | *left sacroposterior* | – | sacro-iliacă stângă posterioară |
| ***LST*** | *left sacrotransverse* | – | sacro-iliacă stângă transversă |
| ***MCHS*** | *Maternal and Child Health Service* | – | Serviciul pentru sănătatea mamei şi copilului |
| ***MP*** | *menstrual period* | – | menstruaţie |
| ***NB*** | *newborn* | – | nou-născut |
| ***ND*** | *normal delivery* | – | naştere normală |
| ***NFTD*** | *normal full term delivery* | – | naştere normală la termen |
| ***NIP*** | *nipple* | – | mamelon |
| ***OA*** | *occiput anterior* | – | occipito-pubian |

| | | | |
|---|---|---|---|
| ***OBS*** | *obstetrics* | – | obstetrică |
| ***OC*** | *oral contraceptive* | – | contraceptiv oral |
| ***Para*** | *parity* | – | paritate |
| ***PET*** | *pre-eclamptic toxaemia* | – | toxemie preeclamptică |
| ***Pg*** | *pregnant* | – | însărcinată |
| ***PIH*** | *pregnancy induced hypertension* | – | hipertensiune arterială gravidică |
| ***PMB*** | *post-menopausal bleeding* | – | hemoragie postmenopauză |
| ***PMS*** | *premenstrual syndrome* | – | sindrom premenstrual |
| ***PN*** | *postnatal* | – | postnatal |
| ***PP*** | *post-partum* | – | post-partum |
| ***PPH*** | *post-partum haemorrhage* | – | hemoragie post-partum |
| ***Prem*** | *premature* | – | prematur |
| ***PROM*** | *premature rupture of membranes* | – | ruptura prematură a membranelor |
| ***PV*** | *per vaginam* | – | tuşeu vaginal |
| ***RFA*** | *right frontoanterior (position of fetus)* | – | nazo-iliacă dreaptă anterioară (poziţia fetală) |
| ***RFP*** | *right frontoposterior* | – | nazo-iliacă dreaptă posterioară |
| ***RFT*** | *right frontotransverse* | – | nazo-iliacă dreaptă transversă |
| ***RMA*** | *right mentoanterior (position of fetus)* | – | mento-iliacă dreaptă anterioară (poziţia fetală) |
| ***RMP*** | *right mentoposterior* | – | mento-iliacă dreaptă posterioară |
| ***ROA*** | *right occipitoanterior* | – | occipito-iliacă dreaptă anterioară |
| ***ROM*** | *rupture of membranes* | – | ruptura membranelor |
| ***ROP*** | *right occipitoposterior* | – | occipito-iliacă dreaptă posterioară |
| ***ROT*** | *right occipitotranverse* | – | occipito-iliacă dreaptă transversă |
| ***RSA*** | *right sacroanterior* | – | sacro-iliacă dreaptă anterioară |
| ***RSL*** | *right sacrolateral* | – | sacro-iliacă dreaptă laterală |
| ***RSP*** | *right sacroposterior* | – | sacro-iliacă dreaptă posterioară |
| ***RST*** | *right sacrotransverse* | – | sacro-iliacă dreaptă transversă |
| ***RV*** | *retroversion* | – | retroversie |
| ***SB*** | *stillbirth* | – | mort la naştere |
| ***SD*** | *spontaneous delivery* | – | naştere spontană |
| ***SROM*** | *spontaneous rupture of the membranes* | – | ruptura spontană a membranelor |
| ***STD*** | *sexually transmitted disease* | – | boală cu transmitere sexuală |
| ***SVD*** | *spontaneous vaginal delivery* | – | naştere spontană vaginală |
| ***UCG*** | *urinary chorionic gonadotrophin* | – | gonadotrofină corionică urinară |
| ***VD*** | *venereal disease* | – | boală venerică |
| ***VE*** | *vaginal examination* | – | tuşeu vaginal |

## *Haematology* — *Hematologie*

| | | | |
|---|---|---|---|
| ***Ab*** | *antibody* | – | anticorp |
| ***Ag*** | *antigen* | – | antigen |
| ***AIHA*** | *auto-immune haemolytic anaemia* | – | anemie hemolitică autoimună |
| ***AL*** | *acute leukaemia* | – | leucemie acută |

| | | | |
|---|---|---|---|
| ***ALL*** | *acute lymphoblastic leukaemia* | – | leucemie limfoblastică acută |
| ***AML*** | *acute myeloblastic leukaemia* | – | leucemie mieloblastică acută |
| ***APTT*** | *activated partial thromboplastin time* | – | timpul de tromboplastină activată parţial |
| ***CEA*** | *carcinoembryonic antigen* | – | antigen carcinoembrionar |
| ***CL*** | *chronic leukaemia* | – | leucemie cronică |
| ***CLL*** | *chronic lymphocytic leukaemia* | – | leucemie limfoidă cronică |
| ***CT*** | *clotting time* | – | timp de coagulare |
| ***DIC*** | *disseminated intravascular coagulopathy or coagulation* | – | coagulare intravasculară diseminată |
| ***ESR*** | *erythrocyte sedimentation rate* | – | viteza de sedimentare a hematiilor |
| ***FBC*** | *full blood count* | – | formula sangvină |
| ***FDP*** | *fibrin degradation product* | – | produs de degradare a fibrinogenului |
| ***FFP*** | *fresh frozen plasma* | – | plasmă proaspătă congelată |
| ***HA*** | *haemolytic anaemia* | – | anemie hemolitică |
| ***Hb*** | *haemoglobin* | – | hemoglobină |
| ***Hct*** | *haematocrit* | – | hematocrit |
| ***HDN*** | *haemolytic disease of the newborn* | – | boala hemolitică a nou-născutului |
| ***HLA*** | *histocompatibility locus antigen* | – | antigen de histocompatibilitate |
| ***ICT*** | *indirect Coombs's test* | – | testul Coombs indirect |
| ***IM*** | *infectious mononucleosis* | – | mononucleoză infecţioasă |
| ***ITP*** | *idiopathic thrombocytopenic purpura* | – | purpură trombocitopenică idiopatică |
| ***MCH*** | *mean corpuscular haemoglobin* | – | valoarea medie a corpusculilor în hemoglobină |
| ***MCHC*** | *mean corpuscular haemoglobin concentration* | – | concentraţia medie corpusculilor în hemoglobină |
| ***MCV*** | *mean corpuscular volume* | – | volumul mediu al globulelor |
| ***N*** | *nodules* | – | adenopatii |
| ***NBTS*** | *National Blood Transfusion Service* | – | Serviciul Naţional de Transfuzii |
| ***PAF*** | *platelet aggregation factor* | – | factorul de agregare plachetară |
| ***PC*** | *packed cells* | – | concentrat plachetar |
| ***PCV*** | *polycythaemia vera* | – | policitemie vera |
| ***PCV*** | *packed cell volume* | – | hematocrit |
| ***PLT*** | *platelet* | – | plachete |
| ***PNH*** | *paroxysmal nocturnal haemoglobinuria* | – | hemoglobinurie paroxistică nocturnă |
| ***PPSB*** | *prothrombin, proconvertin, Stuart factor, antihaemophilic B factor* | – | protrombina, proconvertina, factorul Stuart, factorul antihemofilic B |
| ***PT*** | *prothrombin time* | – | timpul de protrombină |
| ***PTT*** | *partial thromboplastin time* | – | timpul de tromboplastină parţială |
| ***PV*** | *plasma volume* | – | volum plasmatic |
| ***RBC*** | *red blood cell count* | – | globule roşii |
| ***Rh*** | *Rhesus* | – | factorul Rhesus |
| ***$Rh^+$*** | *Rhesus positive* | – | Rh pozitiv |
| ***$Rh^-$*** | *Rhesus negative* | – | Rh negativ |

| | | |
|---|---|---|
| ***TIBC*** | *total iron-binding capacity* | – capacitatea totală de fixare a fierului |
| ***TNM*** | *T (primary tumour) N (node) M (metastasis)* | – tumoră primară (T), adenopatie regională (N), metastaze (M) |
| ***TT*** | *thrombin time* | – timpul de trombină |
| ***TTP*** | *thrombotic thrombocytopenic purpura* | – purpură trombocitopenică trombotică |
| ***WB*** | *whole blood* | – sângele total |

## *Infectious diseases* — *Boli infecţioase*

| | | |
|---|---|---|
| ***ABE*** | *acute bacterial endocarditis* | – endocardită bacteriană acută |
| ***AFB*** | *acid-fast bacillus* | – bacil alcoolo-acidorezistent |
| ***Ag*** | *antigen* | – antigen |
| ***AGN*** | *acute glomerulonephritis* | – glomerulonefrită acută |
| ***AIDS*** | *acquired immune deficiency syndrome* | – sindromul imunodeficienţei dobândite |
| ***ASTO*** | *antistreptolysin-O* | – antistreptolizina O |
| ***ATS*** | *antitetanus serum* | – ser antitetanos |
| ***BCG*** | *bacille Calmette-Guérin* | – bacilul Calmette-Guérin |
| ***Bl cult*** | *blood culture* | – hemocultură |
| ***C&S*** | *culture and sensitivity* | – cultură şi antibiogramă |
| ***CGN*** | *chronic glomerulonephritis* | – glomerulonefrită cronică |
| ***CMV*** | *cytomegalovirus* | – citomegalovirus |
| ***CSF*** | *cerebrospinal fluid* | – lichid cefalorahidian |
| ***E coli*** | *Escherichia coli* | – Escherichia coli |
| ***EBV*** | *Epstein-Barr virus* | – virusul Epstein-Barr |
| ***EN*** | *erythema nodosum* | – eritem nodos |
| ***FTA*** | *fluorescent treponemal antibody (test)* | – testul de identificare a Treponemei pallidum prin imunofluorescenţă |
| ***FA-ABS*** | *fluorescent treponema antibody-absorbtion (test)* | – testul de identificare a Treponemei pallidum prin imunofluorescenţă prin absorbţie |
| ***FUO*** | *fever of undetermined origin* | – febră de origine necunoscută |
| ***GNB*** | *Gram-negative bacilli* | – bacilul Gram negativ |
| ***GP*** | *general paralysis* | – paralizie generală |
| ***HS*** | *herpes simplex* | – herpes |
| ***HT*** | *high temperature* | – hipertermie |
| ***ID*** | *infectious disease* | – boală infecţioasă |
| ***IM*** | *infectious mononucleosis* | – mononucleoză infecţioasă |
| ***INH*** | *isonicotinic acid hydrazide (isoniazid)* | – hidrazida acidului isonicotinic (isoniazida) |
| ***LP*** | *lumbar puncture* | – puncţie lombară |
| ***LRTI*** | *lower respiratory tract infection* | – infecţia traiectului respirator inferior |
| ***MIC*** | *minimal inhibitory concentration* | – concentraţia minimă inhibitorie |

| | | | |
|---|---|---|---|
| ***MMR*** | *measles-mumps-rubella (vaccine)* | – | vaccinul antirujeolă, antioreion, antirubeolă |
| ***MRV*** | *mixed respiratory vaccine* | – | vaccin MRV |
| ***MSU*** | *mid-stream urine specimen* | – | probă de urină/examenul citobacteriologic al urinei |
| ***O&P*** | *ova and parasites* | – | ouă şi paraziţi |
| ***OE*** | *otitis externa* | – | otită externă |
| ***OM*** | *otitis media* | – | otită medie |
| ***Polio*** | *poliomyelitis* | – | poliomielită |
| ***PUO*** | *pyrexia of unknown origin* | – | febră de origine necunoscută |
| ***RF*** | *rheumatic fever (or **Rheu fev**)* | – | reumatism articular acut |
| ***RTA*** | *respiratory tract infection* | – | infecţie respiratorie |
| ***SF*** | *scarlet fever* | – | scarlatină |
| ***STD*** | *sexually transmitted disease* | – | boală cu transmitere sexuală |
| ***SY; Σ*** | *syphilis* | – | sifilis |
| ***TAB*** | *typhoid, paratyphoid A and paratyphoid B (vaccine)* | – | vaccinul antitifoid, antiparatifoid A şi B |
| ***TABTD*** | *combine TAB vaccine, tetanus toxoid and diphtheria toxoid* | – | vaccinul antidifteric, antitetanic şi antiparatifoid A şi B |
| ***TB*** | *tuberculosis (or **Tb**)* | – | tuberculoză |
| ***TB*** | *tubercle bacillus* | – | bacilul Koch |
| ***TORCH*** | *toxoplasma, other viruses, rubella, cytomegalovirus, and herpes virus* | – | toxoplasma, alţi viruşi, virusul rubeolei, citomegalovirusul şi virusul herpetic |
| ***TPCF*** | *Treponema pallidum complement fixation (test)* | – | testul de fixare a complementului pentru Treponema pallidum |
| ***TPHA*** | *Treponema pallidum hemagglutination test* | – | testul de hemaglutinare a Trenemei pallidum |
| ***TPI*** | *Treponema pallidum immobilization (test)* | – | testul Nelson |
| ***URTI*** | *upper respiratory tract infection* | – | infecţia traiectului respirator superior |
| ***UTI*** | *urinary tract infection* | – | infecţie urinară |
| ***V-Z*** | *varicella-zoster* | – | varicela zoster |
| ***VD*** | *venereal disease* | – | boală cu transmitere sexuală |
| ***VDRL*** | *Venereal Disease Research Laboratory (reference test)* | – | VDRL (Venereal Disease Research Laboratory [test]) |
| ***VH*** | *viral hepatitis* | – | hepatită virală |
| ***WC*** | *whooping cough* | – | tuse convulsivă |
| ***WR*** | *Wassermann reaction* | – | reacţia Bordet-Wassermann |

## *Neurology* — *Neurologie*

| | | | |
|---|---|---|---|
| ***ALS*** | *amyotrophic lateral sclerosis* | – | scleroză amiotrofică laterală |
| ***ANS*** | *autonomic nervous system* | – | sistemul nervos autonom |
| ***ASDH*** | *acute subdural haematoma* | – | hematom subdural acut |
| ***Bab*** | *Babinski (reflex)* | – | reflexul Babinski |

| | | | |
|---|---|---|---|
| ***BBB*** | *blood-brain barrier* | – | bariera hemato-encefalică |
| ***CI, CII...*** | *cranial nerves I, II...* | – | nervii cranieni I, II... |
| ***CN*** | *cranial nerve* | – | nerv cranian |
| ***CNS*** | *central nervous system* | – | sistemul nervos central |
| ***CS*** | *conscious/consciousness* | – | conştient/stare de conştienţă |
| ***CSF*** | *cerebrospinal fluid* | – | lichid cefalorahidian |
| ***CVA*** | *cerebrovascular accident (stroke)* | – | accident vascular cerebral |
| ***EMG*** | *electromyograph/electromyogram* | – | electromiografie/electromiogramă |
| ***EVP*** | *evoked visual potential* | – | potenţial vizual evocat |
| ***FP*** | *facial palsy* | – | paralizie facială |
| ***GP*** | *general paralysis* | – | paralizie generală |
| ***IC*** | *intracerebral* | – | intracerebral |
| ***KJ*** | *knee jerk* | – | reflexul rotulian |
| ***LP*** | *lumbar puncture* | – | puncţie lombară |
| ***LS*** | *lumbosacral* | – | lombosacrat |
| ***MS*** | *multiple sclerosis* | – | scleroză în plăci |
| ***NS*** | *nervous system* | – | sistemul nervos |
| ***nyst*** | *nystagmus* | – | nistagmus |
| ***ON*** | *optic nerve* | – | nervul optic |
| ***PERLA*** | *pupils equal, react to light and accommodation* | – | pupile egale, reactive la lumină şi acomodare |
| ***PM*** | *petit mal* | – | petit mal |
| ***PMD*** | *progressive muscular dystrophy* | – | distrofie musculară progresivă |
| ***PNS*** | *peripheral nervous system* | – | sistemul nervos perferic |
| ***Polio*** | *poliomyelitis* | – | poliomielită |
| ***RBN*** | *retrobulbar neuritis* | – | nevrită optică retrobulbară |
| ***SAH*** | *subarachnoid haemorrhage* | – | hemoragie subarahnoidiană |
| ***SNS*** | *sympathetic nervous system* | – | sistemul nervos simpatic |
| ***TIA*** | *transient ischaemia attack* | – | accident ischemic tranzitoriu |
| ***TJ*** | *triceps jerk* | – | reflexul tricipital |
| ***Ucs*** | *unconscious* | – | inconştient |
| ***VEP*** | *visual evoked potential* | – | potenţial vizual evocat |
| ***VF*** | *visual field* | – | câmp vizual |

## *Ophthalmology* — *Oftalmologie*

| | | | |
|---|---|---|---|
| ***EVP*** | *evoked visual potential* | – | potenţial vizual evocat |
| ***OD*** | *oculus dexter (Lat.) = right eye* | – | ochiul drept |
| ***OL*** | *oculus laevus (Lat.) = left eye* | – | ochiul stâng |
| ***ON*** | *optic nerve* | – | nervul optic |
| ***OPH*** | *ophthalmology* | – | oftalmologie |
| ***RBN*** | *retrobulbar neuritis* | – | nevrită optică retrobulbară |
| ***RD*** | *retinal detachment* | – | desprindere de retină |
| ***RE*** | *right eye* | – | ochiul drept |

| | | | |
|---|---|---|---|
| ***VA*** | *visual acuity* | – | acuitate vizuală |
| ***VC*** | *colour vision* | – | vedere colorată |
| ***VEP*** | *visual evoked potential* | – | potenţial vizual evocat |
| ***VF*** | *visual field* | – | câmp vizual |
| ***VOD*** | *vision, right eye* | – | vederea cu ochiul drept |

## *ENT* — *ORL*

| | | | |
|---|---|---|---|
| ***dB*** | *decibel* | – | decibel |
| ***EAC*** | *external auditory canal* | – | conduct auditiv extern |
| ***ENT*** | *ears, nose and throat* | – | otorinolaringologie |
| ***FP*** | *facial palsy* | – | paralizie facială |
| ***ME*** | *middle ear* | – | urechea medie |
| ***OE*** | *otitis externa* | – | otită externă |
| ***OM*** | *otitis media* | – | otită medie |
| ***T&A*** | *tonsils and adenoids* | – | amigdale şi vegetaţii |

## *Paediatrics* — *Pediatrie*

| | | | |
|---|---|---|---|
| ***APGAR*** | *American Pediatric Gross Assessment Record* | – | American Pediatric Gross Assesment Record |
| ***BW*** | *birth weight (or **BWt**)* | – | greutatea la naştere |
| ***CF*** | *cystic fibrosis* | – | fibroză chistică |
| ***DOB*** | *date of birth* | – | data naşterii |
| ***FLK*** | *funny looking kid* | – | copil cu aspect ciudat |
| ***FTT*** | *failure to thrive* | – | retard staturo-ponderal |
| ***HDN*** | *haemolytic disease of the newborn* | – | boala hemolitică a nou-născutului |
| ***HMD*** | *hyaline membrane disease* | – | boala membranelor hialine |
| ***IUGR*** | *intrauterine growth retardation* | – | retard de creştere intrauterină |
| ***LBW*** | *low birth weight* | – | greutate mică la naştere |
| ***MCHS*** | *Maternal and Child Health Service* | – | Serviciul pentru sănătatea mamei şi copilului |
| ***NAI*** | *non-accidental injury* | – | sindromul Silverman (la copiii agresaţi) |
| ***NB*** | *newborn* | – | nou-născut |
| ***Paed*** | *paediatrics* | – | pediatrie |
| ***PDA*** | *patent ductus arteriosus* | – | persistenţa canalului arterial |
| ***PKU*** | *phenylketonuria* | – | fenilcetonurie |
| ***Prem*** | *premature* | – | prematur |
| ***SB*** | *stillbirth* | – | născut mort |
| ***SIDS*** | *sudden infant death syndrome* | – | moartea subită a nou-născutului |

## *Pharmacology* — *Farmacologie*

| | | | |
|---|---|---|---|
| ***ADR*** | *adverse drug reaction* | – | efectele secundare ale medicamentelor |
| ***ADT*** | *any what you desire thing* | – | placebo |
| ***ATS*** | *antitetanus serum* | – | ser antitetanic |
| ***BCG*** | *bacille Calmette-Guérin* | – | bacilul Calmette-Guérin |
| ***bd*** | *bis die (Lat.) = twice a day* | – | de două ori pe zi |
| ***BNF*** | *British National Formulary* | – | echivalentul *Agendei medicale* |
| ***BZ*** | *benzodiazepine* | – | benzodiazepină |
| ***DHE*** | *dihydroergotamine* | – | dihidroergotamină |
| ***ID*** | *intradermal/intradermally* | – | intradermic/pe cale intradermică |
| ***IM*** | *intramuscular* | – | intramuscular |
| ***IUCD*** | *intrauterine contraceptive device* | – | sterilet |
| ***IV*** | *intravenous/intravenously* | – | intravenos/pe cale intravenoasă |
| ***LA*** | *long-acting* | – | eliberare prelungită |
| ***MAOI*** | *monoamine oxidase inhibitor* | – | inhibitor de monoamin oxidază |
| ***MIMS*** | *Monthly Index of Medical Specialities* | – | *Monthly Index of Medical Specialities* (publicaţie medicală) |
| ***MMR*** | *measles-mumps-rubella (vaccine)* | – | vaccinul antirujeolă, antioreion, antirubeolă |
| ***NSAID*** | *non-steroidal anti-inflammatory drug* | – | antiinflamator nesteroidal |
| ***OC*** | *oral contraceptive* | – | contraceptiv oral |
| ***OD*** | *overdose* | – | supradoză |
| ***PCC*** | *Poison Control Center* | – | Serviciul de combatere a drogurilor, otrăvirii şi substanţelor halucinogene |
| ***PO*** | *per os (Lat.) = by mouth* | – | *per os* (lat.) = pe cale orală |
| ***PRN*** | *pro re nata (Lat.) = whenever necessary* | – | în caz de nevoie |
| ***PUVA*** | *psoralens and ultraviolet A (therapy)* | – | terapie cu ultraviolete A |
| ***qd*** | *quaque die (Lat.) = every day* | – | în fiecare zi |
| ***qds*** | *quater die sumendum (Lat.) = to be taken four times a day* | – | a se lua de patru ori pe zi |
| ***qid*** | *quater in die (Lat.) = four times a day* | – | de patru ori pe zi |
| ***Rx*** | *prescription, treatment or therapy* | – | reţetă, tratament |
| ***SC*** | *subcutaneous (or SQ)* | – | subcutanat |
| ***Tab*** | *a tablet* | – | un comprimat |
| ***tbsp*** | *tablespoon* | – | lingură |
| ***td*** | *ter die (Lat.) = three times daily* | – | de trei ori pe zi |
| ***tid*** | *ter in die (Lat.) = three times daily* | – | de trei ori pe zi |

| | | | |
|---|---|---|---|
| ***Treat*** | *treatment (or TRT)* | – | tratament |
| ***tsp*** | *teaspoon* | – | linguriţă |
| ***TX*** | *treatment* | – | tratament |
| ***Vit*** | *vitamin* | – | vitamină |

## *Respiratory diseases* — *Pneumologie*

| | | | |
|---|---|---|---|
| ***A&P*** | *auscultation and percussion* | – | auscultaţie şi percuţie |
| ***AFB*** | *acid-fast bacillus* | – | bacil alcoolo-acidorezistent |
| ***ARDS*** | *acute respiratory distress syndrome* | – | sindromul de detresă respiratorie acută a adultului |
| ***BA*** | *bronchial asthma* | – | astm bronşic |
| ***BCG*** | *bacille Calmette-Guérin* | – | bacilul Calmette-Guérin |
| ***BE*** | *base excess* | – | exces de baze |
| ***CB*** | *chronic bronchitis* | – | bronşită cronică |
| ***CF*** | *cystic fibrosis* | – | fibroză chistică |
| ***CO*** | *carbon monoxide* | – | monoxid de carbon |
| ***COAD*** | *chronic obstructive airway disease* | – | bronhopneumopatie obstructivă cronică |
| ***CTR*** | *cardiothoracic ratio* | – | raport cardiotoracic |
| ***CX*** | *chest X-ray* | – | radiografie pulmonară |
| ***DOE*** | *dyspnoea on exertion* | – | dispnee de efort |
| ***ERV*** | *expiratory reserve volume* | – | volum expirator de rezervă |
| ***FEV1*** | *forced expiratory volume in one second* | – | volum expirator maxim pe secundă |
| ***$FIO_2$*** | *fractional inspiratory oxygen* | – | concentraţia oxigenului în aerul inspirat |
| ***FRC*** | *functional residual capacity* | – | capacitate funcţională reziduală |
| ***FVC*** | *forced vital capacity* | – | capacitate vitală maximă |
| ***IC*** | *inspiratory capacity* | – | capacitate inspiratorie |
| ***ICS*** | *intercostal space* | – | spaţiu intercostal |
| ***IF*** | *intrinsic factor* | – | factor intrinsec |
| ***INH*** | *isonicotinic acid hydrazide (isoniazid)* | – | hidrazida acidului isonicotinic (isoniazidă) |
| ***IRV*** | *inspiratory reserve volume* | – | volum inspirator de rezervă |
| ***IS*** | *intercostal space* | – | spaţiu intercostal |
| ***LLL*** | *left lower lobe (of lung)* | – | lobul inferior stâng (pulmonar) |
| ***LRTI*** | *lower respiratory tract infection* | – | infecţia traiectului respirator inferior |
| ***LUL*** | *left upper lobe (of lung)* | – | lobul superior stâng (pulmonar) |
| ***MRV*** | *mixed respiratory vaccine* | – | vaccin MRV |
| ***P&A*** | *percussion and auscultation* | – | percuţie şi auscultaţie |
| ***$PaO_2$*** | *arterial partial pressure of oxygen* | – | presiunea parţială arterială a oxigenului |
| ***$PCO_2$*** | *carbon dioxide pressure* | – | presiunea parţială a dioxidului de carbon |

***PE*** *pulmonary embolism* – embolie pulmonară
***PEF*** *peak expiratory flow* – debit expirator maxim
***PFT*** *pulmonary function test* – explorări funcţionale respiratorii
***PND*** *paroxysmal nocturnal dyspnoea* – dispnee paroxistică nocturnă
***Pnx*** *pneumothorax* – pneumotorax
***$PO_2$*** *oxygen tension or pressure* – presiunea oxigenului
***RAST*** *radio-allergosorbent test* – RAST (radio-allergosorbent test)
***RDS*** *respiratory distress syndrome* – sindomul de detresă respiratorie acută a adultului
***RF*** *respiratory failure* – insuficienţă respiratorie
***RLL*** *right lower lobe (of lung)* – lobul inferior drept (pulmonar)
***RML*** *right middle lobe* – lobul mijlociu drept
***RR*** *respiratory rate* – frecvenţă respiratorie
***RTI*** *respiratory tract infection* – infecţie respiratorie
***RV*** *residual volume* – volum rezidual
***SB*** *shortness of breath* – dispnee
***TB*** *tuberculosis (or **Tb**)* – tuberculoză
***TB*** *tubercle bacillus* – bacilul Koch
***TLC*** *total lung capacity* – capacitate pulmonară totală (VR + CV)
***UR*** *upper respiratory* – respirator superior
***URTI*** *upper respiratory tract infection* – infecţia traiectului respirator superior
***VC*** *vital capacity* – capacitate vitală
***VF*** *vocal fremitus* – vibraţii vocale
***VS*** *vesicular sound* – murmur vezicular

## *Psychiatry* — *Psihiatrie*

***BZ*** *benzodiazepine* – benzodiazepină
***DT*** *delirium tremens* – delirium tremens
***IQ*** *intelligence quotient* – coeficient de inteligenţă
***MAOI*** *monoamine oxidase inhibitor* – inhibitor de monoaminoxidază
***OD*** *overdose* – supradoză (medicamentoasă etc.)

## *Public health* — *Sănătate publică*

***AA*** *Alcoholics Anonymous* – Alcoolicii Anonimi
***AB*** *abortion* – avort
***AIDS*** *acquired immune deficiency syndrome* – sindromul imunodeficienţei dobândite
***BCG*** *bacille Calmette-Guérin* – bacilul Calmette-Guérin
***MCHS*** *Maternal and Child Health Service* – Serviciul pentru sănătatea mamei şi copilului

| | | | |
|---|---|---|---|
| ***NAI*** | *non-accidental injury* | – | sindromul Silverman (la copiii agresaţi) |
| ***NBTS*** | *National Blood Transfusion Service* | – | Centrul Naţional de Transfuzii |
| ***NHI*** | *National Health Insurance* | – | Casa Naţională de Asigurări de Sănătate |
| ***PCC*** | *Poison Control Center* | – | Serviciul de combatere a drogurilor, otrăvirii şi substanţelor halucinogene |
| ***PH*** | *public health* | – | sănătatea publică |
| ***PP*** | *private patient* | – | pacient în sistem privat |
| ***PP*** | *private practice* | – | practică privată |
| ***PRACT*** | *practitioner* | – | medic |
| ***PTD*** | *permanent total disability* | – | incapacitate permanentă totală |
| ***RTA*** | *road traffic accident* | – | accident rutier |
| ***SB*** | *stillbirth* | – | mort la naştere |
| ***SIDS*** | *sudden infant death syndrome* | – | moartea subită a nou-născutului |
| ***STD*** | *sexually transmitted disease* | – | boală cu transmitere sexuală |
| ***TAB*** | *typhoid, paratyphoid A and paratyphoid B (vaccine)* | – | vaccinul antitifoid, antiparatifoid A şi B |
| ***TABTD*** | *combine TAB vaccine, tetanus toxoid and diphtheria toxoid* | – | vaccinul antitetanic, antidifteric, antitifoid, antiparatifoid A şi B |
| ***TD*** | *temporary disability* | – | incapacitate temporară |
| ***TD*** | *total disability* | – | incapacitate totală |
| ***VD*** | *venereal disease* | – | boală venerică |
| ***VIP*** | *very important person* | – | persoană foarte importantă |
| ***WHO*** | *World Health Organization* | – | Organizaţia Mondială a Sănătăţii |

## *Renal diseases* — *Urologie şi nefrologie*

| | | | |
|---|---|---|---|
| ***AGN*** | *acute glomerulonephritis* | – | glomerulonefrită acută |
| ***Alb*** | *albumin* | – | albumină |
| ***ATN*** | *acute tubular necrosis* | – | necroză tubulară acută |
| ***CGN*** | *chronic glomerulonephritis* | – | glomerulonefrită cronică |
| ***CRF*** | *chronic renal failure* | – | insuficienţă renală cronică |
| ***GN*** | *glomerular nephritis* | – | glomerulonefrită |
| ***IVP*** | *intravenous pyelogram* | – | urografie intravenoasă |
| ***MPGN*** | *membranous proliferative glomerulonephritis* | – | glomerulonefrită membranoproliferativă |
| ***MSU*** | *mid-stream urine specimen* | – | probă de urină/examenul citobacteriologic al urinei |
| ***NGU*** | *non-gonococcal urethritis* | – | uretrită negonococică |
| ***PGN*** | *proliferative glomerulonephritis* | – | glomerulonefrită proliferativă |
| ***PR*** | *per rectum* | – | tuşeu rectal |
| ***PSA*** | *prostate specific antigen* | – | antigen specific prostatei |

| | | | |
|---|---|---|---|
| ***RF*** | *renal failure* | – | insuficienţă renală |
| ***RTA*** | *renal tubule acidosis* | – | acidoză renală tubulară |
| ***STD*** | *sexually transmitted disease* | – | boală cu transmitere sexuală |
| ***TURP*** | *transurethral resection of the prostate* | – | rezecţie transuretrală a prostatei |
| ***UC*** | *urinary catheter* | – | sondă urinară |
| ***UO*** | *urinary output* | – | diureză |
| ***UR*** | *urology* | – | urologie |
| ***UT*** | *urinary tract* | – | traiectul urinar |
| ***UTI*** | *urinary tract infection* | – | infecţie urinară |
| ***VD*** | *venereal disease* | – | boală venerică |
| ***VUR*** | *vesicoureteric reflux* | – | reflux vezicoureteral |

## *Rheumatic diseases* — *Reumatologie*

| | | | |
|---|---|---|---|
| ***ANF*** | *antinuclear factors* | – | factori antinucleari |
| ***AS*** | *ankylosing spondylitis* | – | spondilită anchilozantă |
| ***ASS*** | *anterior superior spine (of ilium) (or **Ant Sup Spine**)* | – | spina iliacă antero-superioară |
| ***ASTO*** | *antistreptolysin-O* | – | antistreptolizina O |
| ***B&J*** | *bone and joint* | – | os şi articulaţie |
| ***C1, C2...*** | *cervical vertebra No. 1, 2...* | – | vertebra cervicală nr. 1, 2... |
| ***CR(E)ST*** | *calcinosis, Raynaud's phenomenon (esophageal dysfunction), sclerodactyly and telangiectasia* | – | calcificare, sindromul Raynaud, sclerodactilie, telangiectazie |
| ***D1, D2...*** | *dorsal (thoracic) vertebra No. 1, 2...* | – | vertebra dorsală nr. 1, 2... |
| ***FRJM*** | *full range joint movement* | – | mişcări articulare normale |
| ***FROM*** | *full range of movement* | – | mişcări normale |
| ***L1, L2...*** | *lumbar vertebra No. 1, 2...* | – | vertebra lombară nr. 1, 2... |
| ***LBP*** | *low hack pain* | – | durere dorsală inferioară |
| ***LS*** | *lumbosacral* | – | lombosacrat |
| ***NSAID*** | *non-steroidal anti-inflammatory drug* | – | antiinflamator nesteroidal |
| ***PAN*** | *polyarteritis nodosa* | – | periarterită nodoasă |
| ***PN*** | *periarteritis nodosa* | – | periarterită nodoasă |
| ***RA*** | *rheumatoid arthritis* | – | poliartrită reumatoidă |
| ***RF*** | *rheumatoid factor* | – | factor reumatoid |
| ***RF*** | *rheumatic fever (or **Rheu Fev**)* | – | reumatism articular acut |
| ***ROM*** | *range of movement* | – | mobilitate |
| ***S*** | *sacral (vertebra...)* | – | sacrat (vertebră...) |
| ***SF*** | *synovial fluid* | – | lichid sinovial |
| ***SLE*** | *systemic lupus erythematosus* | – | lupus eritematos diseminat |

# Health care providers and health services / Personalul medical şi instituţiile de sănătate

## *Health care providers* / *Personalul medical şi paramedical*

### HOSPITAL STAFF / PERSONALUL SPITALICESC

| *Health care staff* | *Personalul medical* |
|---|---|
| Medical student | Student la medicină |
| Final year medical student ("final med") | Student în ultimul an |
| House officer | Intern |
| Senior House Officer (SHO) | Intern după primul an |
| Intern | Intern în primul an |
| GP trainee | Intern în medicină generală |
| GP registrar | Intern în medicină generală în ultimul an |
| Registrar | Asistent |
| Consultant | Specialist |
| Head of department | Şef de serviciu |
| Surgeon | Chirurg |
| Professor | Profesor |

| *Administration staff* | *Personalul administrativ* |
|---|---|
| Ward clerk/receptionist | Personal la serviciul de primire |
| Medical secretary | Secretară medicală |
| Personal manager | Directorul sectorului Personal |
| General manager | Director general |
| Ward sister | Cadru sanitar |

### SPECIALISTS (CONSULTANT) / MEDICI SPECIALIŞTI

| | |
|---|---|
| Pathologist | Anatomopatolog |
| Consultant Anaesthesist | Anestezist |
| Consultant Bacteriologist | Bacteriolog |

| | |
|---|---|
| Consultant in Medical Oncology | Oncolog |
| Consultant Cardiologist | Cardiolog |
| Consultant Cardiothoracic Surgeon | Chirurg cardiac |
| Consultant in Maxillofacial Surgery | Chirurg maxilofacial |
| Plastic Surgeon | Chirurg plastic |
| Vascular Surgeon | Chirurg vascular |
| Consultant Dermatologist | Dermatolog |
| Consultant Endocrinologist | Endocrinolog |
| Consultant Gastroenterologist | Gastroenterolog |
| Consultant in Medical Genetics | Genetician |
| Consultant in Geriatric Medicine | Gerontolog, geriatru |
| Consultant Gynaecologist | Ginecolog |
| Consultant Haematologist | Hematolog |
| Physician | Specialist în medicină internă |
| Consultant in Forensic Medicine | Legist |
| Consultant Immunologist | Imunolog |
| Consultant in Rehabilitation Medicine | Specialist în medicina de reabilitare |
| Consultant in Sports Medicine | Specialist în medicina sportivă |
| Occupational Physician | Specialist în medicina muncii |
| Consultant Microbiologist | Microbiolog |
| Consultant in Nephrology | Nefrolog |
| Consultant Neurologist | Neurolog |
| Consultant in Clinical Neurophysiology | Neurofiziolog |
| Consultant Neurosurgeon | Neurochirurg |
| Consultant in Obstetrics | Obstetrician |
| Consultant in Ophtalmology | Oftalmolog |
| Consultant in Orthopaedic Surgery | Chirurg ortoped |
| Ear Nose and Throat Surgeon (ENT) | Otorinolaringolog (ORL-ist) |
| Consultant Paediatrician | Pediatru |
| Consultant in Vascular Medicine | Specialist în medicina vasculară |
| Psychiatrist | Psihiatru |
| Respiratory Physician | Pneumolog |
| Consultant Radiologist | Radiolog |
| Rheumatologist | Reumatolog |
| Consultant in Infectious Diseases | Specialist în boli infecţioase |
| Consultant in Palliative Medicine | Specialist în medicina paleativă |
| Consultant in Tropical Medicine | Specialist în boli tropicale |
| Consultant in Accident & Emergency | Specialist în urgenţe |
| Urologist | Urolog |

| *Alternative therapists* | *Specialişti în medicina alternativă* |
|---|---|
| Acupuncturist | Specialist în acupunctură |
| Chiropractor | Chiropractor |
| Homeopath | Homeopat |
| Osteopath | Osteopat |
| Specialist in herbal medicine | Fitoterapeut |

| | |
|---|---|
| *Counsellors* | *Specialişti în terapii nemedicamentoase* |
| Counsellor | Terapeut |
| Addiction counsellor | Specialist în dependenţă (de medicamente, droguri etc.) |
| Behaviour therapist | Psihoterapeut |
| Psychologist | Psiholog |

## NURSING, PARAMEDICAL AND WELFARE STAFF / PERSONALUL INFIRMIER, PARAMEDICAL ŞI SOCIAL

| | |
|---|---|
| *Nursing staff* | *Personalul infirmier* |
| Student nurse | Elev infirmier |
| Male nurse | Infirmier |
| Nurse | Infirmieră |
| Practice nurse | Infirmieră ce asistă medicul în timpul consultaţiilor din afara spitalului |
| Staff nurse | Infirmieră din spital |
| Private nurse | Infirmieră cu practică privată |
| Registered Nurse (RN) | Infirmieră cu diplomă de stat |
| Theatre nurse | Infirmieră la blocul operator |
| Hospice nurse | Infirmieră la azil |
| Matron | Supraveghetoare-şefă |
| Midwife | Moaşă |
| Public health nurse | Infirmieră la domiciliu |

| | |
|---|---|
| *Paramedical staff* | *Personalul paramedical* |
| Nurse's aid | Ajutor de infirmier |
| Paramedic (in Great Britain emergency medical aid service answers the emergency call 999) | Paramedic (în Marea Britanie, serviciul de ambulanţe răspunde la numărul 999) |
| Porter | Brancardier |
| Dietician | Dietetician |
| Occupational therapist | Ergoterapeut |
| Physiotherapist | Fizioterapeut |
| Lab technician | Tehnician de laborator |
| Speech therapist | Logoped |
| Pharmacist | Farmacist |

| | |
|---|---|
| *Welfare staff* | *Personalul social* |
| Social worker | Asistent social |
| Welfare officer | Responsabil în cadrul serviciilor sociale |

## *Health care facilities*

### In general practice

Could you please tell me where I could find
- a medical centre?
- a surgery?
- a health centre/a clinic?
- a chemist?
- a private medical laboratory?
- a physiotherapy clinic?

Primary care centre

### *At the surgery, at health centre*

Hello, who is the patient?
Give me...
- your name.
- your address.
- your phone number.
- your date of birth.
- your European Health Insurance Card.

Receptionist
Medical secretary
Do you want an appointment with...
- a doctor?
- a GP (general practitioner)?
- a specialist?

### *At the chemist/pharmacy*

Do you want to see the chemist?
Do you have a prescription?
Do you want a medication over the counter (*otc*)?
Are you allergic to any medication?
Modes of administration of medications
Do you want
- some tablets?
- some capsules?

## *Facilităţi în serviciile de sănătate*

### În practica curentă

Îmi puteţi spune, vă rog, unde pot găsi
- un centru medical?
- un centru de chirurgie (cabinet medical)?
- o clinică?
- o farmacie?
- un laborator medical privat?
- un cabinet de fizioterapie?

Centru care oferă servicii de sănătate nespitaliceşti

### *În cabinetul medical*

Bună ziua, cine este pacientul?
Spuneţi-mi...
- numele dumneavoastră.
- adresa dumneavoastră.
- numărul dumneavoastră de telefon.
- data dumneavoastră de naştere.
- cardul dumneavoastră european de asigurări de sănătate.

Personal de la serviciul Primire bolnavi
Secretară medicală
Doriţi să vă consulte...
- un medic?
- un medic generalist?
- un specialist?

### *La farmacie*

Vreţi să vorbiţi cu farmacistul?
Aveţi reţetă?
Vreţi un medicament fără prescripţie?
Sunteţi alergic la vreun medicament?
Modul de administrare a medicamentelor
Doriţi
- comprimate?
- capsule?

| | |
|---|---|
| • a medicine? | • un sirop? |
| • some suppositories? | • supozitoare? |
| • some cream? | • o cremă? |
| • some ointments? | • o pomadă? |
| • some injections? | • injecţii? |
| • o nebuliser? | • aerosoli? |
| Chemist assistant | Asistent de farmacie |

| | |
|---|---|
| ### *At the community health services centre* | ### *La dispensar* |
| Hello, I have an appointment with the area medical officer (public health doctor). | Bună ziua, am întâlnire cu medicul de circumscripţie. |
| Could I see the school doctor? | Pot să vorbesc cu medicul şcolar? |
| Where is the Mental Health public clinic? | Unde este Laboratorul de Sănătate Mintală? |
| I would like a consultation. | Aş dori o consultaţie. |
| May I have a house call? | Aş putea să fiu consultat la domiciliu? |

## AT THE HOSPITAL / LA SPITAL

| | |
|---|---|
| ### *Facilities* | ### *Sedii* |
| I work in a hospital. | Lucrez în spital. |
| Teaching hospital | Spital universitar |
| Regional hospital | Spital regional |
| District hospital | Spital judeţean |
| General hospital | Centru spitalicesc |
| Public hospital | Spital public |
| Private hospital | Spital privat |
| Psychiatric hospital | Spital psihiatric |
| Nursing home | Azil |
| Respite care unit | Casă de odihnă |
| Maternity hospital | Maternitate |
| Rehabilitation centre | Centru de reeducare |
| Hospice | Cămin |

| | |
|---|---|
| ### *Hospital wards* | ### *Servicii spitaliceşti* |
| I'm looking for | Caut serviciul |
| • Casualty (A&E, accident and emergency) | • de urgenţe |
| • Intensive care unit (ICU) | • de reanimare |
| • the oncology ward | • de oncologie |
| • the cardiology ward | • de cardiologie |

| | |
|---|---|
| • Coronary care unit (CCU) | • de urgenţe cardiace |
| • the surgical ward | • de chirurgie |
| • the children surgical ward | • de chirurgie infantilă |
| • the orthopaedic ward | • de ortopedie |
| • the plastic surgery ward | • de chirurgie plastică |
| • the vascular surgery ward | • de chirurgie vasculară |
| • the dermatology department | • de dermatologie |
| • the endocrinology department | • de endocrinologie |
| • the endoscopy unit | • de endoscopie |
| • the gastroenterology unit | • de gastroenterologie |
| • the geriatric ward | • de geriatrie |
| • the gynaecological ward (*gynae*) | • de ginecologie |
| • the haematology ward | • de hematologie |
| • the infectious disease ward | • de boli infecţioase |
| • the medical ward | • de medicină internă |
| • the nephrology department | • de nefrologie |
| • the neurological ward | • de neurologie |
| • the neurosurgical ward | • de neurochirurgie |
| • the ophtalmology ward | • de oftalmologie |
| • the obstetric ward (the labour ward) | • de obstetrică (sala de naşteri) |
| • the ENT ward | • de ORL |
| • the paediatric ward/children's ward | • de pediatrie |
| • the psychiatric unit | • de psihiatrie |
| • the respiratory unit | • de pneumologie |
| • the radiotherapy department | • de radioterapie |
| • the rheumatology unit | • de reumatologie |
| • the urology department | • de urologie |
| I have an appointment at the outpatient department (I have an outpatient's appointment.) | Am o consultaţie la un pacient din afara secţiei/spitalului. |
| I'm going to the day hospital. | Merg la un spital de zi. |
| Go to the X-ray department. | Mergeţi la serviciul de radiologie. |
| Please, could you direct me to | Îmi puteţi spune, vă rog, unde este |
| • the operating theatre ? | • blocul operator ? |
| • the pathology laboratory ? | • laboratorul de analize medicale ? |
| • blood transfusion ? | • serviciul de transfuzii de sânge ? |
| • the central pharmacy ? | • farmacia centrală ? |
| • the cafeteria ? | • barul spitalului ? |
| • the administration unit ? | • serviciul administrativ ? |
| • the mortuary ? | • morgă ? |

# Medical training in Great Britain and The Republic of Ireland / Formarea medicilor în Marea Britanie şi Republica Irlanda

## *The GP training*

Having finished his Final Medical Year (six years), the doctor must spend a year as a medical and surgical intern before being fully registered with the Medical Council. The doctor can then apply for a place in a GP scheme. The candidate is selected by interview. He then spends two years as a paediatric, obstetrics and gynaecology, casualty, psychiatric SHO.

His last two years will be spent as a GP trainee then GP register with a GP trainer. To be entitled to practice as a GP, the doctor will have to pass the MRCGP or MICGP to become a member of the college of general practitioners. Finally he will be able to apply for posts advertised in the medical press.

## *Formarea medicilor generalişti*

După terminarea anului final (al şaselea), doctorul trebuie să urmeze un an de internat în serviciile de medicină internă sau chirurgie înainte de a fi membru al Medical Council. După aceea îşi poate depune dosarul pentru ocuparea unui post într-un grup de formare a medicilor generalişti. Selecţia se face pe baza unui interviu. Medicul va lucra apoi doi ani într-un spital, ca intern în secţiile de pediatrie, obstetrică-ginecologie, urgenţe şi psihiatrie.
În ultimii doi ani de pregătire îşi va desfăşura activitatea ca intern şi apoi ca intern în ultimul an sub supravegherea unui şef de stagiu. Pentru a avea dreptul de a practica medicina în calitate de medic generalist, trebuie să treacă examenul MRCGP sau MICGP în vederea obţinerii titlului de membru al colegiului medicilor generalişti. După aceea va putea să se înscrie la concurs pentru posturile publicate în presa medicală.

## *The specialist training*

After completion of his medical studies, the doctor chooses medical attachment relevant to the chosen specialty. He must then pass the two-part membership, for the college of physicians or the college of surgeons.

## *Formarea medicilor specialişti*

După terminarea studiilor medicale, doctorul alege opţiunea medicală corespunzătoare specialităţii sale. El trebuie să promoveze cele două părţi ale examenului „membership" pentru specialitatea aleasă.

The specialist is generally hospital based and sees patients referred by their GP.

Specialistul îşi desfăşoară activitatea în general în spital şi consultă bolnavii care îi sunt repartizaţi de către medicul generalist.

## *Address book*

## *Adrese*

List of medical bodies and professional organisations useful for settling abroad

Lista organismelor medicale şi a organizaţiilor profesionale utile pentru stabilirea în străinătate

### MEDICAL COUNCIL

### MEDICAL COUNCIL

*In England / În Anglia*

General Medical Council
178 Great Portland street
London W I W57E
England

*In Ireland / În Irlanda*

Medical Council
Lynn House, Portobello Court
Lower Rathmines Road
Dublin 6
Ireland

### COLLEGES

### COLEGII

Royal College of General Practitioners
14 Princes Gate
Hyde Park
London SW71PU
England

Colegiul de medicină generală se ocupă cu educarea şi formarea medicală continuă. Examenul de admitere este MRCGP, care conferă dreptul de obţinere a titlului de specialist în medicină generală.

Royal College of Physicians
11 St Andrews Place
Regent's Park
London NWI4LE
England

Colegiu de medicină specializată. Examenul de intrare este MRCP sau „membership" şi conferă dreptul de a profesa ca medic specialist.

| | |
|---|---|
| Royal College of Surgeons of England<br>Lincoln Fields<br>London WC2AJPC<br>England | Colegiu de chirurgie. Examenul de intrare conferă posibilitatea obţinerii titlului de chirurg. |
| Irish College of General Practitioners<br>4-5 Lincoln Place<br>Dublin 2<br>Ireland | Colegiul de medicină generală din Irlanda. |
| Royal College of Physicians of Ireland<br>6 Kildare Street<br>Dublin 2<br>Ireland | Colegiul de medicină specializată din Irlanda. |
| Royal College of Surgeons of Ireland<br>123 St Stephen's Green<br>Dublin 2<br>Ireland | Colegiul de chirurgie din Irlanda. |

| | |
|---|---|
| MEDICAL DEFENSE ORGANISATIONS | ORGANIZAŢII DE ASIGURARE A RESPONSABILITĂŢII MEDICALE |
| For example:<br>Medical Defense Union<br>Medical Protection Society | De exemplu:<br>Colegiul Medicilor |
| RECRUITMENT AND LOCUMS SERVICES | AGENŢII DE RECRUTARE A MEDICILOR SUPLINITORI |

Locomotion
Campus Innovation Centre
University College Dublin
Belfield, Dublin 4
Ireland

## Publications

## Publicaţii

### *Medical journals (where medical vacancies are advertised)*

### *Jurnale medicale (unde sunt publicate posturile libere)*

*British Medical Journal*
*Lancet*

Marea Britanie

*Irish Medical News*
*Irish Medical Times*

Republica Irlanda

### *Others*

### *Altele*

BNF (British National Formulary)
MIMS (Monthly Index of Medical Specialities)

*Martindale*
Pharmaceutical Press
PO box 151
Wallingford, Oxon OX 108QU
United Kingdom

Conţine referinţe complete despre medicamente (cu corespondentele lor internaţionale). Corespunde *Agendei medicale*.

*Irish Medical Directory*
PO box 5049
Dublin 6W
Ireland

Anuarul tuturor serviciilor medicale din Irlanda

## *Curriculum vitae*

## *Curriculum vitae*

| | |
|---|---|
| Surname | Numele |
| First name | Prenumele |
| Address | Adresa |
| Email | E-mail |
| Telephone | Telefon |
| Mobile phone | Telefon mobil |
| Date of birth | Data naşterii |
| Place of birth | Locul naşterii |
| Marital status | Starea civilă |
| • married | • căsătorit |
| • single | • necăsătorit |
| • divorced | • divorţat |
| • widow (woman), widower (man) | • văduvă, văduv |
| Nationality | Naţionalitatea |
| Qualifications | Diplome |

| | |
|---|---|
| Present post | Serviciul actual |
| Previous employment | Locurile de muncă anterioare |
| Hobbies | Pasiuni |
| Other information | Alte informaţii |
| References (Name of two referees) | Referinţe (Numele a doi referenţi) |

# Pharmaceuticals / Preparate farmaceutice

| *Active ingredient* | *Name* | *Substanţa activă* | *Denumirea comercială* |
|---|---|---|---|
| Acetylcisteine | Mucomyst | Acetilcisteină | Acetilcisteină, Mucovim |
| Alginic acid | Gaviscon | Acid alginic | Nu există în România. |
| Allopurinol | Allopurinol (US), Zyloric | Alopurinol | Alopurinol |
| Alprazolam | Xanax | Alprazolam | Alprazolam |
| Amlodipine | Istin, Norvasc (US) | Amlodipină | Nu există un produs românesc echivalent. Pe piaţa românească sunt disponibile Cristacor, Norvasc. |
| Amoxycillin and enzyme inhibitor | Augmentin | Amoxicilină | Augmentin şi inhibitori de betalactamază. |
| Amoxicillin | Amoxil,Clonamox (Irl.), Oramox (Irl.), Pinamox (Irl.) | Amoxicilină | Amoxicilină, Ephamox |
| Artificial Tears | Tears Naturale | Lacrimi artificiale | Nu există în România. |
| Aspirin (antithrombotic) | Nu-Seals Aspirin 75, Lowasa (Irl.) | Acetilsalicilat de lizină | Nu există în România. |
| Aspirin (anti-inflammatory) | Disprin, Anadin | Acid acetilsalicilic | Aspirină, Aspimax, Europirin |
| Atenolol | Tenormin, Amolin (Irl.), Trantalol (Irl.), Atenogen (Irl.) | Atenolol | Atenocor |
| Atorvastatin | Lipitor | Atorvastatin | Nu există un produs românesc echivalent. Pe piaţa românească este disponibil Sortis. |
| Beclometasone (inhaled) | Becotide, Becla-zone 100 easy-breathe, Beclovent (US), Beconase | Beclometazonă | Nu există un produs românesc echivalent. Pe piaţa românească sunt disponibile Beclocort forte, Beclomet, Beclonase, Beclotide. |
| Bendroflume-thiazide | Centyl (Irl.), Corzide (US) | Bendroflumetiazidă | Nu există în România. |
| Bendroflumethi-azide and potassium | Centyl K (Irl.) | Bendroflumetiazidă şi potasiu | Nu există în România. |

| | | | |
|---|---|---|---|
| Betamethasone | Betnesol,<br>Diprolene (US) | Betametazonă | Nu există un produs românesc echivalent.Pe piaţa românească sunt disponibile Celestone, Diprophos, Flosteron. |
| Bisoprolol | Emcor,<br>Zebeta (US) | Bisoprolol | Nu există un produs românesc echivalent. Pe piaţa românească sunt disponibile Bisogamma, Concor, Byol. |
| Bromazepam | Lexotan | Bromazepam | Bromazepam |
| Buflomedil | Nu există în ţările anglo-saxone. | Buflomedil | Nu există un produs românesc echivalent. Pe piaţa românească este disponibil Vardolin. |
| Buprenorphine | Temgesic | Buprenorfină | Nu există în România. |
| Calcium carbonate | Calcichew 500 | Carbonat de calciu | Calciu |
| Captopril | Capoten | Captopril | Captopril |
| Carbocisteine | Exputex (Irl.), Mucodyne | Carbocisteină | Convenil |
| Cefaclor | Distaclor,<br>Ceclor (US) | Cefaclor | Cefaclor |
| Cefixime | Suprax | Cefixim | Eficef |
| Cefpodoxime | Cefodox | Cefpodoximă | Nu există în România. |
| Celecoxib | Celebrex | Celecoxib | Nu există un produs românesc echivalent. Pe piaţa românească este disponibil Celebrex. |
| Cetirizine | Zirtec, Zyrtec (US) | Cetirizină | Alerid |
| Chlorhexidine | Eludril | Clorhexidină | Nu există un produs românesc echivalent. Pe piaţa românească sunt disponibile Corsodyl, Plak Out, Eludril. |
| Citalopram | Cipramil, Celexa (US) | Citalopram | Nu există în România. |
| Clorazepate potassium | Tranxene | Clorazepat de potasiu | Nu există un produs românesc echivalent. Pe piaţa românească este disponibil Tranxene. |
| Co-codamol | Kapake, Solpadol, Tylex | Paracetamol-codeină | Nu există în România. |
| Dextropropoxyphene combination | Distalgesic | Dextropropoxifen paracetamol | Nu există în România. |
| Diazepam | Valium,<br>Anxicalm (Irl.) | Diazepam | Diazepam |
| Diclofenac (systemic) | Voltarol, Difene (Irl.), Cataflam (US) | Diclofenac | Diclofenac, Clafen |
| Diclofenac (topical) | Volarol emulgel | Diclofenac (gel) | Nu există un produs românesc echivalent. Pe piaţa românească este disponibil Diclofenac gel. |
| Digoxin | Lanoxin | Digoxin | Nu există un produs românesc echivalent. Pe piaţa românească este disponibil Digoxin. |

| | | | |
|---|---|---|---|
| Diosmectite | Nu există în ţările anglo-saxone. | Diosmectită | Nu există un produs românesc echivalent. Pe piaţa românească este disponibil Smecta. |
| Diosmine | Nu există în ţările anglo-saxone. | Diosmină | Nu există un produs românesc echivalent. Pe piaţa românească este disponibil Diosmin. |
| Domperidone | Motilium | Domperidonă | Nu există un produs românesc echivalent. Pe piaţa românească este disponibil Motilium. |
| Doxazocine | Cardura XL | Doxazosină | Nu există un produs românesc echivalent. Pe piaţa românească sunt disponibile Cardura, Zoxon, Dozasin. |
| Dydrogesterone | Duphaston | Didrogesteron | Nu există un produs românesc echivalent. Pe piaţa românească este disponibil Duphaston. |
| Esomeprazole | Nexium | Esomeprazol | Nu există un produs românesc echivalent. Pe piaţa românească este disponibil Nexium. |
| Fenofibrate | Lipantil Micro | Fenofibrat | Fenofibrat |
| Fenspiride | Nu există în ţările anglo-saxone. | Fenspiridă | Nu există un produs românesc echivalent. Pe piaţa românească este disponibil Eurespal. |
| Fluoxetine | Prozac | Fluoxetină | Nu există un produs românesc echivalent. Pe piaţa românească sunt disponibile Auxetin, Floxet, Fluran, Fluvan, Prozac. |
| Flurazepam | Dalmane | Flurazepam | Nu există în România. |
| Frusemide | Lasix | Furosemid | Furosemid |
| Frusemide with potassium sparing | Frumil | Furosemid şi clorhidrat de amilorid | Nu există în România. |
| Fucidic acid | Fucidin | Acid fucidic | Nu există un produs românesc echivalent. Pe piaţa românească este disponibil Fucidin. |
| Gliclazide | Diamicron | Gliclazide | Diamicron |
| Hydroxyzine hydrochloride | Atarax | Hidroxizin hidroclorid | Hidroxizin |
| Ibuprofen | Brufen | Ibuprofen | Ibuprofen, Antidol |
| Isosorbide mononitrate | Elantan, Imdur, Ismo (Eng.), Isotrate (Eng.), Isotard (Eng.) | Isosorbid mononitrat | Mononitron |
| Josamycin | Nu există în ţările anglo-saxone. | Josamicină | Nu există un produs românesc echivalent. Pe piaţa românească este disponibil Wilprafen. |
| Ketoconazole | Nizoral, Nizoral Cream | Ketoconazol | Ketoconazol |
| Ketoprofen | Fastum, Orovail | Ketoprofen | Ketoprofen, Ketalgon |

| | | | |
|---|---|---|---|
| Lactulose | Duphalac | Lactuloză | Nu există un produs românesc echivalent. Pe piaţa românească sunt disponibile Duphalac, Lactulose, Laevolac. |
| Lanzoprazole | Zoton | Lanzoprazol | Nu există un produs românesc echivalent. Pe piaţa românească sunt disponibile Lanzap, Lansoprol. |
| Levonorgestrel and estrogen | Logynon, Ovranette, Trinordiol, Eugynon 30 (Eng.), Microgynon 30 | Levonorgestrel şi estrogen | Nu există un produs românesc echivalent. Pe piaţa românească sunt disponibile Mirena, Prostinor. |
| Levothyroxine sodium | Eltroxin | Levotiroxin sodic | Nu există un produs românesc echivalent. Pe piaţa românească sunt disponibile Euthyrox, L-Thyroxin, Thyro-4. |
| Lisinopril | Zestril, Carace | Lisinopril | Sinopryl |
| Lithium | Priadel | Litiu | Nu există în România. |
| Lithium Carbonate | Camcolit 250, Priadel 200, Liskonum 450, Eskalith (US) | Carbonat de litiu | Carbonat de litiu |
| Loratadine | Histaclar | Loratadin | Lorastamin, Loratin, Loratadin |
| Lorazepam | Ativan, Lorazepam | Lorazepam | Lorivan |
| Macrogol | Movicol | Macrogol | Sicolax |
| Mefenamic acid | Ponstan | Acid mefenamic | Vidan |
| Metformin | Glucophage | Metformin | Diaformin |
| Molsidomine | Nu există în ţările anglo-saxone. | Molsidomin | Nu există un produs românesc echivalent. Pe piaţa românească este disponibil Molsihexal. |
| Nifedipine | Adalat LA 60 | Nifedipin | Nifedipin |
| Niflumic acid | Nu există în ţările anglo-saxone. | Acid niflumic | Nu există un produs românesc echivalent. Pe piaţa românească este disponibil Nifluril, Novopone. |
| Nimesulide | Aulin (Irl.) | Nimesulidă | Nu există un produs românesc echivalent. Pe piaţa românească sunt disponibile Aulin, Lemesil, Mesid, Nimesulid. |
| Nomegestrol | Nu există în ţările anglo-saxone. | Nomegestrol | Nu există un produs românesc echivalent. Pe piaţa românească este disponibil Lutenyl. |
| Omeprazole | Losec, Prilosec (US) | Omeprazol | Omeprazol, Odasol, Glaveral, Omeran |
| Oxazepam | Oxazepam | Oxazepam | Nu există în România. |
| Pantoprazole | Protium, Protonix (US) | Pantaprazol | Nu există un produs românesc echivalent. Pe piaţa românească este disponibil Controloc. |
| Paracetamol | Calpol, Disprol, Panadol, Tylenol (US) | Paracetamol | Paracetamol, Paracetol, Paramol |

| | | | |
|---|---|---|---|
| Paroxetine | Seroxat, Paxil (US) | Paroxetină | Nu există un produs românesc echivalent. Pe piaţa românească sunt disponibile Paroxat, Seroxat. |
| Perindopril | Coversyl, Aceon (US) | Perindopril | Nu există un produs românesc echivalent. Pe piaţa românească este disponibil Prestarium. |
| Potassium Chloride | Slow-K | Clorură de potasiu | Clorură de potasiu |
| Povidone-iodine | Betadine | Povidon iodat | Iodină, Iodosept, Sicosept |
| Pravastatin | Lipostat, Pravachol (US) | Pravastatin | Nu există un produs românesc echivalent. Pe piaţa românească sunt disponibile Lipostat, Pralip. |
| Prednisolone | Prednesol (Irl.), Deltacortril Enteric | Prednisolon | Supercortil |
| Progesterone | Utrogestan | Progesteron | Progesteron |
| Quinine | Quinimax (US) | Quinină | Nu există în România. |
| Ramipril | Tritace, Altace (US) | Ramipril | Nu există un produs românesc echivalent. Pe piaţa românească este disponibil Tritace. |
| Salbutamol (inhaled) | Ventolin | Salbutamol | Nu există un produs românesc echivalent. Pe piaţa românească sunt disponibile Ventolin, Salbutamol, Salamol. |
| Simethicone | Meteospasmyl, Maalox Max | Simeticon | Nu există un produs românesc echivalent. Pe piaţa românească sunt disponibile Ceolat, Espumisan. |
| Sodium alginate and potassium bicarbonate | Gaviscon | Alginat de sodiu şi bicarbonat de sodiu | Bicarbonat de sodiu |
| Sodium valproate | Epilim | Valproat de sodiu | Nu există în România. |
| Simvastatin | Zocor | Simvastatin | Nu există în România. |
| Temazepam | Nortem (Irl.), Restoril (US) | Temazepam | Nu există în România. |
| Tixocortol | Nu există în ţările anglo-saxone. | Tixocortol | Nu există un produs românesc echivalent. Pe piaţa românească este disponibil Pivalone. |
| Tramadol | Zydol, Ultram (US) | Tramadol | Izofen, K-Alma |
| Trimebutine | Nu există în ţările anglo-saxone. | Trimebutină | Promebutin, Ibutin |
| Trimetazidine | Vastarel | Trimetazidină | Tazidil, Trimetadină |
| Troxerutin | Paroven | Troxerutin | Venoton, Medoxerutin, Troxerutin |
| Warfarin | Warfant, Coumadin (US) | Warfarină | Nu există în România. |
| Zolpidem | Stilnoct, Ambien (US) | Zolpidem | Zolpidem |
| Zopiclone | Zimovane | Zopiclonă | Imovane |

# Index de termeni medicali


**A**

abdomen 67, 71
accident 15
accident vascular cerebral 96-97
acnee 93, 97
acufene 37, 81
adenom de prostată 94, 97
alăptare 64
alcool 15-16, 58
alergie 66, 85, 93, 97
alimente solide 64
amigdale 14
amigdalită 96-97
anemie 63, 93, 97
angină 31, 93, 96-97
angiografie 83
antecedente personale patologice 14
antibiotice 16-17, 27
anticoagulante 16-17
antidiabetice orale 16
antihipertensiv 16-17, 39
antiinflamator 53
anxietate 55
apendice 14
apendicită 22, 66, 93, 97
apetit 18, 24
apnee 63
arsură 93, 96
arsuri solare 96-97
articulaţie 59, 69
artroscopie 89
asistent social 145
aspirină 17, 22, 27, 29, 39, 53, 59
astm 14, 66, 93, 97
auscultaţie 73, 75, 78
avort 49, 94, 97
avort spontan 63
azil 147

**B**

biopsie 83-86, 88-89
bloc operator 148
boala Paget 95, 97
boala Parkinson 95, 97
boală ereditară 15
boală infecţioasă 15
boală cu transmitere sexuală 14
boală venerică 96-97
bolile copilăriei 14, 65
brancardier 145
braţ 22, 29, 33, 49, 77
bronhoscopie 86
bronşiectazie 93, 98
bronşită 93, 97

**C**

calcul biliar 22
cancer 15, 93, 97
capsule 146
ceară auriculară 96, 98
cefalee 19, 94, 97
chirurg 143-144

chist 79, 93, 97
chiuretaj 88
cianoză 41, 71, 73
cicatrice 14, 71
ciroză 93, 97
cistoscopie 88
claudicaţie intermitentă 39
coagulare 90
coapsă 39-40
coarctaţie de aortă 78
colică biliară 94, 97
colită 93, 97
comă 93, 97
conjunctivită 94, 97
constipaţie 93, 97
consultaţie 147
consultaţie la domiciliu 147
contracepţie 49
contracţii 48
convulsie 51, 64, 66, 93, 97
coordonare 82
copil 63-65
coriză 93, 97
crampă 61, 93, 97
cremă 147
criză cardiacă 31, 95, 98
criză de epilepsie 66
cunoştinţa, a-şi pierde 36, 50, 96, 100

D

defecaţie 22-24
defect septal atrial 78
defect septal ventricular 78
deget de la mână 31, 41, 69
deget de la picior 40, 69
deglutiţie 18
delir 94, 97
delirium tremens 94, 97
dependent de droguri 16
depresie 56, 94, 97
deshidratare 94, 97
desprindere de retină 96-97
diabet zaharat 14, 62, 94, 98
diagnostic 91
diaree 23, 55, 60, 94, 98
dietetician 145
dificultate de mişcare 50
difterie 17, 64
dismenoree 47, 94, 98
dispareunie 47
dispnee 26, 29, 34, 77
distensie abdominală 23
diuretic 16-17
durere 40-41, 45, 48-49
durere abdominală 20-22
durere articulară 59
durere de gât 96-97
durere osoasă 59
durere toracică 27, 31

E

echilibru 55
ecografie 84-85, 88
eczemă 94, 98
edem 35, 44, 59
edem pulmonar 95, 98
ejaculare 49
electrocardiogramă 70, 86
electroencefalogramă 88
electromiogramă 89
embolie pulmonară 95, 98
enurezis 94, 98
enzime cardiace 86
epiglotită 94, 98
epilepsie 94, 98
erecţie 49
erupţie 66
esofagită 95, 98
examen, consultaţie 67, 91
examen al aparatului digestiv 67
examen al sputei 85
examen al materiilor fecale 83
examen al urinei 87
examen cardiac 68
examen ginecologic 68
examen hematologic 90

examen neurologic 68
examen pulmonar 68
examen radiologic 84-87, 89
examinare cu speculum 79
explorări funcţionale hepatice 84
explorări funcţionale pulmonare 85

F

farmacist 145-146
febra fânului 66, 94, 98
febră 34, 44, 94, 98
febră tifoidă 17, 64
fibrilaţie atrială 76, 93, 98
fibrom 94, 98
ficat 34, 72, 84
fistulă anală 73, 94, 98
fizioterapeut 145
forceps 48, 63
formula sangvină 85, 89-90
fractură 59, 94, 98
frecătura pleurală 75
frison 14

G

ganglioni limfatici 74
gangrenă 94, 98
gastrită 94, 98
gaze sangvine 86
genunchi 67
glaucom 94, 98
greaţă 19, 34, 36, 44, 60
greutate 18, 71
greutatea la naştere 63
gripă 94, 98
grupă sangvină 14
gută 14, 58, 94, 98

H

halucinaţii 39
hematemeză 20
hemiplegie 81
hemoptizie 25, 34
hemoragie 94, 98
hemoroizi 73, 95, 98
hepatită virală 96, 98
hepatomegalie 73
hernie 14, 94, 98
hernie hiatală 94, 98
herpes simplex 94, 98
hipertensiune 14, 39, 94, 98
hipertiroidie 94, 98
hipocratism digital 71
hipotensiune 95, 98
histerosalpingografie 88

I

icter 63, 71
impetigo 94, 98
incontinenţă urinară 45, 96, 98
indigestie 20
infarct miocardic 95, 98
infecţie a traiectului respirator superior 96
infecţie urinară 96, 98
infirmier/infirmieră 145
inflamaţie 35
injecţie 16, 70
insuficienţă aortică 78
insuficienţă mitrală 78
insuficienţă respiratorie 96, 98
insulină 16

Î

înălţime 71
înţepături de insecte 95, 98

L

lavaj baritat 83
lavaj bronho-alveolar 86
leucemie 95, 98

limbă 67
luxaţie 60, 94, 99

M

malarie 14, 95
materii fecale 23-24, 83,
mătreaţă 93, 99
medic generalist 146
medicament 22, 27, 29, 33, 39, 46
membru 40, 50, 54
memoria de lungă durată 58
memoria de scurtă durată 58
memorie 80
meningită 54, 95, 99
menopauză 95, 99
menstruaţie 46, 48
micoză 95, 99
micţiune 44-46
mielogramă 90
mielom 95, 99
migrenă 54, 95, 99
miros 54
mononucleoză infecţioasă 66, 94, 99
motivele prezentării 91
motricitate 81
muguet 96, 99
murmur 75

N

naştere 48, 63
nervi cranieni 81
neuroradiologie 88
nevralgie 95, 99
nevroză 95, 99
nume de familie 13, 91

O

obezitate 95, 99
oboseală 39
ochi înroşiţi 95, 99
oligurie 35
operaţie cezariană 48, 63
organe genitale 68
organizaţii de asigurare a responsabilităţii medicale 151
orientare (temporo-spaţială) 57
orjelet 96, 99
osteoporoză 95, 99
otită 66, 95
otită seroasă 94, 99
ovare 79

P

pacient 146
paloare 36, 41, 71
palpare 72-74, 77, 79-80
palpitaţii 30-31, 61-62
pancreas 84
pancreatită 95, 99
paralizie 49-51, 81, 95, 99
paraziţi intestinali 83
parestezie 41
pastilă 39
penicilină 17
penis 49, 80
percuţie 73, 75, 77
pericardită 95, 99
persistenţa canalului arterial 78
picior 40-41, 54
pielonefrită 95, 99
pilule contraceptive 16-17
plămâni 68, 73
pleurezie 95, 99
pneumonie 29, 95, 99
pneumotorax 29, 74-75, 95, 99
poliartrită reumatoidă 58, 96, 99
poliomielită 64
polip 95, 99
pomadă 147
postură 33
prenume 13, 152
prezervativ 49
prolaps 73

prurit 47-48, 95, 99
prurit vaginal 47
psihoză 95, 99
psoriazis 95, 99
publicaţii medicale 152
puls 30, 61, 71, 76-77
puncţie lombară 70, 88

R

rabie 95, 99
radiografie craniană 88
radiografie pulmonară 86-87
radiografic simplă abdominală 83, 87
raluri ronflante 75
raluri sibilante 75
raport/act sexual 33, 49
răceală 93, 97
rectocolită hemoragică 96, 99
reflexe 82
reflux hepatojugular 77
regim de slăbire 18, 60, 62
regurgitaţie 19
retenţie de urină 45
reţetă 70, 146
reumatism articular acut 14, 58, 96, 99
rezonanţă magnetică nucleară 88
rigiditate 72
rinichi 73
rinită 96, 99
rubeolă 64, 66, 96, 99
rujeolă 64, 66, 95, 99

S

salpingită 96, 99
sarcină 48-49, 63, 95, 99
sân 48, 68
sângerare 94, 98
scabie 96, 99
scarlatină 66, 96, 99
schizofrenie 96, 100
sciatică 96, 100
scintigrafie 84-89
scleroză în plăci 95, 100
scurgere vaginală 47
sensibilitate 82
sete 44
SIDA 93, 100
sindrom de colon iritabil 95, 100
sindrom Down 94, 100
sindrom premenstrual 95, 100
sinuzită 96, 100
specialist în terapii nemedicamentoase 145
spital 147-148
splenomegalie 72
splină 72
spondilită anchilozantă 93, 100
spută 25, 34
status mental 80
stenoză aortică 78
stenoză mitrală 78
sterilet (dispozitiv contraceptiv) 49
sterilitate 94, 100
steroizi 16-17
stop cardiac 93, 100
strabism 81, 96, 100
student în ultimul an 143
student la medicină 143
suflu diastolic 78
suflu pansistolic 78
suflu sistolic 78
supozitor 147
surditate 54, 81

T

tablete 16
tăietură 93, 100
tehnician de laborator 145
tendinţă de suicid 56
tensiune arterială 71, 77
test de sarcină 88
teste intradermice 85
testicul 49, 80
tetanie 96, 100

tetralogia Fallot 78
tiroidă (glanda) 60
tomografie computerizată axială 84-86, 88
tonus muscular 82
torsiunea testiculelor 96, 100
trahee 74
transpiraţie 36
tranzit baritat 83
tratament 16, 91
traumatism 29, 54
traumatism cranian 51
trinitroglicerină 33
tromboză venoasă profundă 94, 100
tub digestiv 83
tuberculoză 14, 17, 96, 100
tulburări de echilibru 55
tulburări motorii 49
tulburări senzitive 51
tulburări umorale 55
tulburări vizuale 37
tumoră 14
tuse 24-25, 29, 53
tuse convulsivă 17, 64, 66, 96, 100
tuşeu rectal 73, 80
tuşeu vaginal 79

U

ulcer gastroduodenal 95-100
ulcer varicos 96, 100
urticarie 96, 100
uter 79

V

vaccinări 17, 64
vagin 47-48, 79
varicelă 65, 93, 100
variolă 17, 64
vârstă 64, 91
vedere înceţoşată 36
vegetaţii venerice 96, 100
vertij, ameţeală 19, 55, 96, 100
verucă 96, 100
vezică biliară 72, 84
vezică urinară 41
viteza de sedimentare a hematiilor 89-90
vomismente 44, 50, 64
vulvovaginită 96, 100

Z

zgomote intestinale 73
zgomote cardiace 78
zona zoster 94, 100

# Index of medical terms

**A**

abdomen 67, 71
abdominal distension 23
abdominal pain 20-22
abortion 49, 94, 97
accident 15
acne 93, 97
age 64, 91
AIDS 93, 100
alcohol 15-16, 58
alimentary tract 83
allergy 66, 85, 93, 97
alternative therapists 144
anaemia 63, 93, 97
anal fissure 73
anesthesia 54
angina 31, 93, 96-97
angiography 83, 86, 88
ankle swelling 35
ankylosing spondylitis 93, 100
antibiotics 16-17, 27
anticoagulants 16-17
antihypertensive drug 16-17
anxiety 55
aortic incompetence 78
aortic stenosis 78
apnea 63
appendicitis 22, 93, 97
appendix 14, 66
appetite 18, 60, 62
arm 22, 29, 33, 49, 77
arthroscopy 89
aspirin 17, 22, 27, 29, 39, 53, 59
asthma 14, 66, 93, 97
atrial fibrilation 76, 93, 98
atrial septal defect 78
auscultation 73, 75, 78

**B**

back pain 93, 98
balance 55
barium enema 83
barium meal 83
bedsore 93, 98
bile ducts 84
biopsy 83-86, 88-89
birth control 49
birth weight 48, 63
black out 36, 96, 100
bladder 41
bleeding 94, 98
bleeding tendencies 14
blood gases 86
blood group 14
blood pressure 68, 71, 77
blood test 70, 85, 87
blurred vision 36, 54
body 50
boil 93, 98
bone marrow aspiration 90
bottle-fed 64
bowel habit 23
breast 48, 68
breast-fed 64

bronchiectasis 93, 98
bronchitis 93, 97
bronchoalveolar lavage 86
brnchoscopy 86
bruit 73
burn 93, 97
buttock 39-40
buzz in the ears 36-37, 54

C

caesarian/caesàrean section 48, 63
calf 39-40
cancer 15, 93, 97
capsules 146
cardiac arrest 93, 100
cardiac enzymes 86
casualty 147
CAT scanning 84-85
cervical smear 68, 88
chemist 146
chest pain 27, 31
chickenpox 65, 93, 100
child 63-65
childhood diseases 14, 65
Christian name 13
cirrhosis 93, 97
click in the hips 64
clubbing 71
coagulation 90
coarctation of the aorta 78
coil 49
cold 93, 97
cold in the head 93, 97
colitis 93, 97
coma 93, 97
condom 49
constipation 93, 97
consultant 143
consultation 147
contraceptive pill 16-17, 49
contractions 48
convulsion 51, 64, 93, 97
coordination 82
coryza 93, 97
cough 24-25, 29
counsellor 145
cramp 61, 93, 97
cranial nerves 81
cream 147
crepitations 75
croup 66
cut 93, 100
cyanosis 71, 73
cyst 79, 93, 97
cystoscopy 88

D

dandruff 93, 99
day hospital 148
deafness 54, 81
deep venous thrombosis 94, 100
defecation 22-23
dehydration 94, 97
delirium 94, 97
delirium tremens 94, 97
delivery 48, 63
delusions 57
depression 56, 94, 97
developmental milestones 64
diabetes mellitus 14, 62, 94, 98
diagnosis 91
diarrhoea 23, 55, 60, 94, 98
diet 17
dietician 145
dilatation and curettage 88
diphteria 17
dislocation 60, 94, 99
diuretic 16-17
doctor 147
Down's syndrome 94, 100
drip 70
drug 16
drug addict 16
dysmenorrhaea 94, 98
dyspareunia 47
dyspnoea 26, 29, 34, 77

## E

eczema 94, 98
ejaculation 49
electrocardiogram 70, 86
electroencephalogram 88
electromyogram 89
endoscopic examination 83
enuresis 94, 98
epiglottitis 94, 98
epilepsy 94, 98
epileptic fit 50, 66
erection 49
erythrocyte sedimentation rate 89-90
examination 67, 91
examination of the abdomen 67
examination of the blood 89
examination of the faeces 83
examination of the heart 68, 77
examination of the lungs 68
examination of the pleura 85
examination of the sputum 85
eye infection 94, 97

## F

faint 35-37, 50
Fallot's tetralogy 78
family history 15
fast 14
fatigue 94, 97
febrile convulsion 66
fever 13, 44, 94, 98
fibroma 94, 98
final year medical student ("final med") 143
finger 69
fissure in ano 94, 98
fistula in ano 73, 94, 98
fit 50-51, 64, 66, 93, 97
flu 94, 98
foot 40-41, 54
forceps 48, 63
fracture 59, 94, 98
full blood count 85, 89-90
fundi 69, 88
funny turn 94, 97

## G

gall bladder 72, 84
gallstone 22
gallstone colic 94, 97
gangrene 94, 98
gastritis 94, 98
genitalia 46, 49, 79-80
German measles 64, 66, 96, 99
glandular fever 66, 94, 99
glaucoma 94, 98
glue ear 94, 99
glyceryl trinitrate 33
GP 146
gout 14, 58, 94, 98
groin 41
guarding 72
gynaecological examination 68

## H

habits 15
haematemesis 20
haemoptysis 25, 34
haemorrhage 94, 98
hair loss 94, 97
hallucination 57
hand 54
hay fever 66, 94, 98
head injury 51
headache 19, 37, 50-51, 55, 94, 97
heart attack 31, 95, 98
heart sounds 78
heartburn 19
height 71
hemiplegia 81
hepatomegaly 72
hereditary disease 15
hernia 14, 94, 98
herpes simplex 94, 98
herpes zoster 94, 100

hiatus hernia 94, 98
high blood pressure 14, 39, 94, 98
history of present complaint 91
hospice 147
hospital 58, 70, 147
hospital wards 147
house call 147
house officer 143
hyperthyroidism 94, 98
hysterical hyperventilation 94, 100
hystero-salpingography 88

I

illness 63
immunizations 17, 64
impetigo 94, 98
incontinence of urine 45, 96, 98
indigestion 20
infectious disease 15
infectious mononucleosis 94, 99
infertility 94, 100
influenza 94, 98
injection 16, 70, 147
insect bites 95, 98
inspection 71, 73, 77, 79-80
insulin 16
intercourse 33, 47, 49
intermittent claudication 39
intradermal tests 85
investigations 83, 85-91
irritable bowel syndrome 95, 100
isotope scan 84
itch 24, 47-48

J

jaundice 63, 71
joint 59, 69
jugular venous pressure 77

K

kidney 73
kidney infection 95-96, 98
knee 67

L

lab technician 145
laparoscopy 88
leukaemia 95, 98
lice 95, 99
limb 40, 50
liver 34, 72, 84
liver function tests 84
loin 41
loss of consciousness 36, 50
low blood pressure 95, 98
lumbar puncture 70, 88
lung function tests 85
lungs 68, 73
lymph nodes 74

M

magnetic resonance imaging 88
malaria 14, 95
measles 64, 66, 95, 99
Medical Council 149-150
Medical Defense Organisations 151
medical journals 152
medical secretary 143, 146
medical student 143
medical ward 148
medicine 33, 39, 53, 147
memory 58, 80
meningitis 54, 95, 99
menopause 95, 99
menstruation 46
mental illness 55
mental state 80
micturition 44-46
mid-stream urine 87
migraine 24, 54, 95, 99
miscarriage 49, 63
mitral incompetence 78
mitral stenosis 78
motor nerve function 81
mouth 18, 67-68
multiple sclerosis 95, 100
mumps 66, 95, 99

murmur 78
mycosis 95, 99
myeloma 95, 99
myocardial infarction 95, 98

N

nappy rash 95, 98
nausea 19, 36, 44
nebuliser 147
neck stiffness 82
neuralgia 95, 99
neurological examination 68
neuroradiology 88
neurosis 95, 99
numbness 54
nurse 145
nurse's aid 145
nursing home 147

O

obesity 95, 99
oedema 44
oesophagitis 95, 98
ointments 147
oliguria 35
operating theatre 148
oral antidiabetic drug 16
orchitis 95, 99
orientation 57
osteoarthritis, arthritis 95, 97
osteoporosis 95, 99
otitis 66, 95, 99
outpatient department 148
ovaries 79

P

Padget's disease 95, 97
pain 40-41, 45, 48-49
pain in a bone 59
pain in a joint 59
pain in the chest 27, 31
pain killer 20, 22, 28-29, 32, 37, 39, 42-43, 52-53
painful period 94, 98
pallor 36, 41, 71
palpation 72-74, 77, 79-80
palpitations 30-31, 61-62
palsy 95, 99
pancreas 84
pancreatitis 95, 99
paraesthesiae 41
paralysis 49-51, 81, 95, 99
Parkinson's disease 95, 97
past medical history 14, 91
patent ductus arteriosus 78
patient 146
penicillin 17
penis 49, 80
peptic ulcer 95, 100
percussion 73, 75, 77
pericarditis 95, 99
period 46-48, 60
pertussis 64, 96, 100
pharmacist 145
physiotherapist 145
piles 73, 95, 98
pimple 96-97
plain radiographs of the abdomen 83
plaster 70
pleural rub 75
pleurisy 95, 99
pneumonia 29, 95, 99
pneumothorax 29, 74-75, 95, 99
poliomyelitis 17, 64
polyp 95, 99
porter 145
pregnancy 48, 63, 95, 99
pregnancy test 88
premature 63
premenstrual syndrome 95, 100
prescription 70, 146
present complaint 91
prolapse 73
prostate gland 94, 97
pruritus 95, 99
psoriasis 95, 99
psychosis 95, 99

pulmonary embolism 95, 98
pulmonary oedema 95, 98
pulse 30, 61, 71, 76-77
pyelonephritis 95-99

R

rabies 95, 99
radiological examination 84-85, 89
radiology 83, 86-87
radionucleide scanning 86-89
rate 71, 73, 76
rectal examination 73
red eye 95, 99
reflexes 82
registrar 143
regurgitations 19
respiratory failure 96, 98
retention of urine 45
retinal detachment 96-97
rheumatic fever 14, 58, 96, 99
rheumatoid arthritis 58, 96, 99
rhinitis 96, 99
rhonchi 75
rigidity 72
rigors 14
rubella 64, 96, 99
runny nose 96, 99

S

salpingitis 96, 99
scabies 96, 99
scar 14, 71
scarlet fever 66, 96, 99
schizophrenia 96, 100
sciatica 96, 100
seizure 50, 93, 97
sensation 82
sexually transmitted disease 14
shingles 94, 100
short of breath 26, 34
sinusitis 96, 100
slimming diet 18, 60, 62
smallpox 17, 64
smell 54
social worker 145
sore head 94, 97
sore throat 96-97
speculum examination 79
spleen 72
splenomegaly 72
spot 96-97
sprain 60, 96, 98
sputum 25, 34
squint 81, 96, 100
steroids 16
sticky eye 94, 97
stiffness 59
stillbirth 63
stitches 60
stools 23-24
strabismus 81, 96, 100
striae 71
stroke 50, 96-97
sty 96, 99
suicide 56
sunburn 96-97
suppositories 147
surgeon 143-144
surgical ward 148
surname 13, 152
swallowing 18-19
sweating 36
swelling 35, 44, 48-49, 59, 61, 72
syncope 35, 96, 100
synovial fluid examination 89
syphilis 14, 96, 100

T

tablets 16, 39, 70, 146
tachycardia 30, 61, 96, 100
tapeworms 96, 100
taste 18
temperature 29, 71, 94, 98
temperature in Fahrenheit 13
tenderness 72
testis 49, 80
tetanus 17, 64, 96, 100

tetany 96, 100
thigh 39-40
thirst 44
threadworms 96, 99
throat 67
thrush 96, 99
thyroid gland 60
tinnitus 37, 81
toe 40, 69
tone of muscles 82
tongue 67
tonsillitis 96-97
tonsils 14
torsion of testis 96, 100
trachea 74
traumatism 29, 54
treatment 16, 91
tuberculosis 14, 17, 96, 100
tumour 14
typhoid 17, 64

U

ulcer 22
ulcerative colitis 96, 99
ultrasonography 88
ultrasound scan 84-85, 88
upper respiratory tract infection 96
ureteric colic 96-97
urinary tract infection 96, 98
urine 44-46
urine incontinence 45, 96, 98
urine test 70, 87
urticaria 96, 100
uterus 79

V

vacuum 48, 63
vagina 47, 79
vaginal discharge 47
vaginal examination 79
vaginal pruritus 47
varicose veins 96, 100
venereal disease 96-97
venereal warts 96, 100
venous ulcer 96, 100
ventricular septal defect 78
vertigo 55, 96, 100
viral hepatitis 96, 98
visual disturbance 37
vomiting 19, 23, 44, 50, 64
vulvovaginitis 96, 100

W

ward clerk/receptionist 143
wart 96, 100
wax in the ears 96, 98
weight 18, 71
wheezing 26-27
whitlow 96, 99
whooping cough 17, 64, 96, 100

X

X-ray 70
X-ray department 148

## *Bibliography / Bibliografie*


*British National Formulary (BNF)*, British Medical Association, Tavistock Square, London.

Bouer, G., *Basic Medical English*, Laboratoire Servier.

Browse, N., *An Introduction to the Symptoms and Signs of Surgical Disease*, Edward Arnold, London, 1985.

Coude, C., Coude, F.X., *L'anglais médical*, Flammarion Médecine/Science, Paris, 1985.

*Doctorand's Pocket Medical Dictionary*, W.B. Saunders Co, Philadelphia, 1982.

Hull, D., Johnston, D., *Essential Paediatrics*, Churchill Livingstone, Edinburgh, 1981.

Mason, S., Swash, M., *Hutchinson's Clinical Methods*, Baillière Tindall, London, 1980.

Rubenstein, D., Wayne, D., *Lecture Notes on Clinical Medicine*, Blackwell Scientific Publications, Oxford, 1985.

Steen, E.B., *Baillière's Abbreviations in Medicine*, Baillière Tindall, Eastbourne, 1985.

**La Editura Polirom**

au apărut:

Viorica Dobrovici, Ioan Bostaca – *English in Medicine. A Text Book for Doctors, Students in Medicine and Nurses*
Constantin Paidos – *English Grammar. Theory and Practice*
Alina-Antoanela Ştefãniu – *Dicţionar român-englez de expresii şi locuţiuni*
Radu Lupuleasa – *Steps in English. Learning English Grammar. From Theory to Practice*
Radu Lupuleasa – *English in Communication*
Mihaela Chilărescu, Roxana Spiratos – *Be the Best! Culegere de exerciţii de limba engleză*
Cornelia Coşer, Rodica Vulcănescu – *Developing Competence in English. Intensive English Practice*
Elena Cuvinciuc, Gustavo-Adolfo Loria-Rivel – *English for You*
Alina-Antoanela Ştefãniu, Ana-Maria Placinschi – *First Steps in English*
Rada Proca – *Gramatica practică a limbii engleze*
Alina-Antoanela Ştefãniu – *Welcome! Manual de conversaţie în limba engleză*
Alina-Antoanela Ştefãniu, Radu Lupuleasa – *Ghid de conversaţie român-englez*
Alina-Antoanela Ştefãniu, Radu Lupuleasa – *Ghid de conversaţie englez-român*
Corina Dogaru – *Bon appetit! Limba engleză pentru ospătari, chelneri, recepţioneri şi barmani*
Constantin Paidos, Cristina Dana Paidos – *Limba engleză. Prima ta gramatică*
Mihaela Chilărescu, Constantin Paidos – *Practical Course of English* (+ CD audio)
Horia Hulban – *111 verbe englezeşti şi locuţiunile lor specifice*
Alina-Antoanela Ştefãniu, Radu Lupuleasa – *Engleza pentru Marea Britanie*
M. Mandelbrojt-Sweeney – *Limba engleză pentru medici şi asistente*

în pregătire:

Horia Hulban – *Dicţionar englez-român de expresii şi locuţiuni*

**www.polirom.ro**

Coperta: Manuela Oboroceanu
Tehnoredactor: Ştefan Ciprian Nistor

Bun de tipar: august 2006. Apărut: 2006
Editura Polirom, B-dul Carol I nr. 4 • P.O. Box 266
700506, Iaşi, Tel. & Fax (0232) 21.41.00; (0232) 21.41.11;
(0232) 21.74.40 (difuzare); E-mail: office@polirom.ro
Bucureşti, B-dul I.C. Brătianu nr. 6, et. 7, ap. 33,
O.P. 37 • P.O. Box 1-728, 030174
Tel.: (021) 313.89.78; E-mail: office.bucuresti@polirom.ro

Tiparul executat la S.C. LUMINA TIPO s.r.l.
str. Luigi Galvani nr. 20 bis, sect. 2, Bucureşti
Tel./Fax: 211.32.60, 212.29.27, E-mail: office@luminatipo.com